遺書

東京五輪への覚悟

森　喜朗

幻冬舎文庫

はじめに

東京オリンピック・パラリンピック競技大会組織委員会会長
元内閣総理大臣　森　喜朗

私は今、二つの闘いを進めている。

一つはもちろん、東京オリンピック・パラリンピック競技大会を成功させる準備である。

もう一つは、私のガンとの闘いである。【二〇二〇年追記：ところが、二〇一九年二月から人工透析を始めることになった。オプジーボの副作用ではないかとみられているが、腎臓機能の障害である。この文庫版を出す際に三つの闘いになってしまった。】

医師ともいろいろ相談しながら闘病生活を送っているが、本当は去年（二〇一六年）の春で、私は人生を閉じていたかもしれない。しかし、幸いに新しい治療薬が適用され、今はなんとか生き続けることが可能になっている。ただ、この新しい薬はいつまで打ち続けるものなのか、いつ効力がなくなるのか、医師にもわからない。私はこの新薬のトップランナーである。

あえてこのことをここにこうして記しているのは、同じようにガンにさいなまれている多くの方々への福音になれば、と思うからだ。初めに述べたオリンピック・パラリンピックの準備も含め、私のこの闘いの軌跡をこのまま墓場に持って行くのは、あまりに虚しい。

本書が世に出る頃には私はどうなっているかわからないが、この闘いの中で知り得たこと、記録に留めておくべきことは書き残しておきたい。それで、あえて「遺書」としてまとめた。

二〇一五（平成二十七）年春、私は主治医から肺ガンの宣告を受けた。その瞬間、不思議と大きな動揺や不安はなかった。就寝中も咳が止まらず、体調もすぐれないため「ひょっとしてガンが転移したか、新たなガンに襲われたかもしれない」との予感があった。

今から十七年前の二〇〇〇年四月、内閣総理大臣に就任する前に前立腺ガンの診断を下され、手術の準備をした。ところが、当時の総理大臣の小渕さんが突然の病に倒れ、小渕さんの後をリリーフして総理大臣に就任したために、総理在任中は手術を受けられなかった。

今度は肺ガンと言われて、また来たなと思い、覚悟をしていたので直ちに入院、すぐ摘出手術を受けた。そして、一週間の入院ののち、主治医の制止を振り切って東京オリンピック・パラリンピック競技大会組織委員会の理事会に出席、肺ガンを完全に摘出した事実を明かした。抗ガン剤を服用しているせいで頭髪が抜けたため、さっぱりと丸坊主になった。文部科学省所管の新国立競技場の設計白紙撤回など一連のゴタゴタにひっかけて「お騒がせしたお詫びで頭を丸めた」とマスコミ取材にジョークで答えたが、なかにはこれを真に受けていたマスコミもいたという。

その後、去年の二月から新薬の抗ガン治療が効いて頭髪も戻り、抗ガン剤の作用で念願の体重百キロの大台を割ることもできた。去年の八月も遠路、リオ五輪の開会式に臨み、直前のIOC理事会で東京五輪での空手や野球・ソフトボールなど新・復活種目一括採用にこぎつけた。バッハIOC会長の了承を直接取り付け、閉会式での次期開催地・東京紹介セレモニーでゲームのキャラクター、マリオに扮した安倍総理大臣のサプライズ登場のお膳立てもした。まず海外メディアで好評を博し、国内でも日本選手団の活躍と併せて東京大会への夢が膨らんだと思う。

しかし近い将来、再発すると組織委員会会長の重責を果たせなくなる。二〇二〇年の五輪・パラリンピックまで充分、準備期間があるわけではない。新国立競技場をはじめ会場や施設の整備、テロ・サイバーテロ対策、選手強化、交通対策など課題は山積している。政府、東京都、組織委ががっちりスクラムを組んで準備を着々と進めなければならないが、誘致に成功した当時の猪瀬知事も、後任の舛添知事も政治資金問題で相次ぎ辞任、二〇一六年八月に就任した小池知事の見直し宣言により、それまでの準備が大混乱に陥った。見直しは思いつきでなく、各機関の調整結果を踏まえた実効性のあるものでなければならなかったのだが、結果はすべて原案通りの「大山鳴動して鼠一匹」で、準備作業に半年の遅れを生じてしまった。

五輪関連経費が当初試算に比べて膨れ上がったことについて「財政難の折に許し難い」「よりコンパクトに」との声は多い。誘致段階で打ち出した東京湾臨海部、新国立競技場周辺に競技会場の大半を集め、選手村から半径八キロ圏内に収めるコンパクト五輪案に基づくと、例えばヨットでは防潮堤を作るのに一本四百八十億円かかり、競技判定のヘリコプターを飛ばすのは、開催期間中に民間機の羽田空港への進入路とぶつかるので困難だ。仮設のビーチバレー会場（砂の搬入撤去を含む）、自転車競技の木製レーン、馬術会場などを新設すれば、それぞれ数十億の単位のカネがかかる。この間、私は既存施設を活用したり、首都圏や静岡県の知事に頭を下げて既存施設による分散化を図ったり、コスト削減に努めてきた。バッハＩＯＣ会長は組織委の努力を評価している。一般的に「コンパクト」にすればカネがかからないと思いがちだが、実際「コンパクト」にこだわれば、逆に経費は膨れ上がるのだ。小池知事は「もったいない」という言葉をオリンピックのテーマに加えたいと言っておられたが、私こそ会長就任後、「もったいない」を念頭に削減の努力をしてきた。私こそ元祖「もったいない」人間だと思っている。

テレビの情報番組で新国立競技場の設計見直しの際に北京、ロンドン大会との経費比較をして「東京は高過ぎる」と批判したコメンテーターがいたが、人件費、資材費をとっても当時の中国と今の日本ではベースが違う。単純な誤解やマスコミの勉強不足、安倍政権の足を引っ張ろうとする勢力による風評被害も甚大である。各競技団体からなるＪＯＣの幹部の一部に補助金など自らの権益優先で国益をかえりみない風潮もある。そもそも私は政財官界から「ほかに引き受ける人がいないから」と頼まれて組織委員会の会長を引き受けたが、自分を育んでくれたラグビーをはじめスポーツへの恩返しや、若者の未来に夢を与えるためである。組織委から報酬は得ていないし、公用車も使用していない。永年、政治家として築いた内外、各界との人脈を活かして調整役になり、日本国に最後のご奉公をしようという全くのボランティアである。

天に与《あずけ》られた命の灯火が消える前に東京大会に向けた基盤だけは固めたいと思っている。途中で投げ出したらそれこそラグビーの敢闘精神に反する。ラグビーの試合に譬《たと》えれば、人生のモットーは、身を投げ出してボールを確保するセービングだ。その思いから国民の理解を得て東京大会を成功させるため、本書で異例の「情報公開」を試みた。大会準備の過程で、私から見れば組織委に対する的外れな批判が多い。どこまで内実を明かすべきか、悩んだが、評価は読者に委ねたい。併せて、スポーツと関わってきた人生の軌跡を記した。

東日本大震災から復興した姿を国際社会に示す東京大会は、障害者や社会的弱者、高齢者にやさしい都市をアピールしたり、日本文化を世界に発信、認証システムやヒート対策などさまざまな先進システムを導入したり、今後の「成熟五輪」運営のお手本にすべきである。日本が戦後追求してきた世界の平和と繁栄に貢献する姿を国際社会に見せる晴れの舞台でもある。アスリートが躍動する姿を見た少年少女が、スポーツを通じて明日に希望を抱くようになるだろう。

私が道半ばで倒れても、できれば安定した政権運営を続ける安倍総理に、大会招致から開催まで責任を持ってもらいたいと思っている。最後に本書の出版に携わった方々も含め、これまでお付き合いいただいた多くのみなさんに感謝し、「スポーツ立国」への理解が増すよう祈るばかりだ。

二〇一七年三月吉日

東京オリンピック・パラリンピック競技大会組織委員会会長室にて。
まだ100kgを超えていた。
撮影：文藝春秋写真部　山元茂樹

遺書——東京五輪への覚悟

はじめに　3

第一章　私と東京オリンピック――招致活動から組織委会長へ　17

メダリストのパレードの陰で
JOCではオリンピック招致はできない
はからずも組織委会長に
ガンが再び見つかる
異分子を排除する体質
事務総長人事
組織委は出向者ばかり
猪瀬元都知事のずさんな計画
新国立競技場をめぐるトラブル
立候補ファイルの甘い積算
ボランティアが九万人必要

無報酬の調整役として
リオオリンピックの印象
小池都知事が足を引っ張る
ＪＯＣの反対論
問題だらけの調査チーム中間報告
都だけで勝手にはできない
無責任な「競技会場見直し」
山積する問題
安倍マリオの仕掛け人

第二章　すべてラグビーから学んだ　117

スポーツと父の教え
小学生時代は野球に夢中
師に恵まれた
人生を決めたラグビーとの出会い

人作りはスポーツで
「サッカーくじ」で芝生のグラウンドを

第三章　ラグビーW杯の招致と期待　151

大西先生からの手紙
非業の死
招致の先頭に立つ
国際ラグビーボード会長に一席ぶつ
ニュージーランドが使った手
ラグビーで地域振興・震災復興
協会は体質を変えるべし
ヘッドコーチのエディーのこと
専用ラグビー場を造ろう

第四章　マスコミにあれこれ書かれたけれど　187
かえって政治不信を拡大
国歌独唱か斉唱か
取材せずに書く『週刊朝日』
勉強不足でネガティブキャンペーンに
日本復活のエネルギー
第五章　小池流「見直し」とは何だったのか　213
オリンピックを冒瀆してはいけない
お粗末だった上山「提言」
政治的パフォーマンスは止めてほしい
『週刊文春』に反論する
猪瀬元都知事の大罪

【緊急追記】（二〇一七年三月二十六日）
おわりに　254
解説　秋山光人　260

第一章

私と東京オリンピック

——招致活動から組織委会長へ

メダリストのパレードの陰で

二〇一六年の十月七日、リオオリンピック・パラリンピックのメダリストたちのパレードが、東京の虎ノ門から日本橋にかけて行なわれ、沿道に八十万人もの観衆を集めました。これはスポーツ庁を中心としてＪＯＣ（日本オリンピック委員会）、ＪＰＣ（日本パラリンピック委員会）、東京オリンピック・パラリンピック組織委員会、東京都、そして内閣が、共同で行なったものです。

七日の夜のテレビから八日の朝刊まで、マスコミの報道は、このパレードに対する賛辞、あるいはメダリストたちを称賛する人々の喜びや感動の声であふれていました。オリンピック・ムーブメントに大きな役割を果たしたことは言うまでもありません。

朝日新聞の八日付の朝刊には「五輪とパラ　次は同じ車でパレードを」という見出しが躍りました。合同パレードに賛辞を送りながら、五輪とパラの選手が別々の車輌に乗ったことに触れ、四年後は同じ車でのパレードが見たい、と結んでいます。

オリンピックとパラリンピックの選手が一緒になってパレードをすることは、私が最も望んでいたことでした。ところが、じつはＪＯＣは、この合同パレードの実施に徹頭徹尾反対していたのです。

二〇一二年のロンドンオリンピックが終わったとき、二〇二〇年の五輪誘致活動を盛り上げるため、銀座でオリンピックのメダリストを車に乗せてパレードを行ない、大きな効果をあげました。それで、リオのあとでもパレードをやりたい、とJOCが言うので、私は「それはいいけれども、前回とはちょっと趣旨が違うよ」と言っておきました。招致は済んでいるし、やるからには、パラリンピックの選手も参加させるべきだと思ったからです。私は国会議員の野田聖子さんや関係者とも相談し、パラリンピックの選手も一緒にパレードをしよう、と提案しました。野田さんはパラリンピック東京大会成功作業チームの座長で、障害児の母として使命感を持っているので、大変喜んでくれました。「ぜひやりましょう」ということになり、このことは国会議員みんなで意思統一をしておきました。

実施する日を十月七日に決めたのは、その日の夜、オリンピック記念コンサートがあり、そこにメダリストたちが集まることになっていたからです。では、その日の昼間にやろう、と関係機関がお互いに確認し、もうこれ以上変更しない、と約束をしました。

ところが、リオの大会が始まる前になって、JOCの竹田（恆和《つねかず》）会長が私に「一緒にやるのはどうも良くない、リオオリンピックが終わったら、オリンピックのメダリストだけですぐやりたい」と言い出しました。なぜですかと聞いたら、間を置くと国民の熱が冷める、せっかくのムードがこわれるし、選手が集まってくれない、と言うのです。私はすぐに「パレードが終わったあと、リオのパラリンピックが始まることになるのですよ。じゃ、パラリンピックのみなさんは、どうなるのですか？」と聞きました。そうしたら、パラはパラでやればいい、という返事です。これはおかしな話です。

私が組織委員会の会長となって一番先に手がけたのは、オリンピックとパラリンピックを一つにした組織委員会にすることでした。ロシアのソチで冬季オリンピックが行なわれたときです。じつはこれは世界で初めてのケースでした。当初ＪＯＣ内には反対意見があったと聞いています。理事たちが、自分たちはＩＯＣ（国際オリンピック委員会）と主従関係にある、すべて連絡を取り合っている、ＩＯＣが認めるはずがない、との見方です。

私はそんなはずはないと確信を持っていました。別々の組織委員会を作るのは無駄だし、そもそもオリンピック・パラリンピックの趣旨から言ってもおかしい。実際、ソチオリンピックの会場で初めてＩＯＣの（トーマス・）バッハ会長にお会いしたとき、最初にバッハさんはこう言ったのです。

「ミスター・モリ、あなたは立派だ、よく一緒にしました。期待しています」

オリンピックとパラリンピックの組織委員会を初めて一つにした筆者。
Photo:Tokyo 2020

これまでＪＯＣの理事たちが言っていたのとはまるで違って、バッハさんは大変評価をしてくれたのです。私は、ああなるほどな、と思いました。要するに、ＪＯＣはパラリンピック関係の人たちが入ってくるのが嫌なのではないでしょうか。自分たちの仲間だけでやりたいものだから、異分子が入ってくるのを阻止しようと考えたのかもしれません。

そのあたりから、どうもＪＯＣの言うことが信頼できなくなりました。今度のパレードにも、こうして途中からＪＯＣの横やりが入ったわけです。

こんなこともありました。リオに選手団が出発する前に、私はパレードの主催団体を全部集めて、パレードは組織委員会が行なうのではなく、スポーツ庁にまかせる、ということを提案し、みんなの確認をもらいました。スポーツ庁は政府の機関ですから、これでおおやけの行事となったわけです。

また、ルートは虎ノ門から日本橋にしよう、とも提案しました。前回のパレードは銀座四丁目から八丁目までという短いルートだったので、見られなかった人が多かった。だから私は、今度は距離を延ばそうと思った。延ばせば、それだけ多くの人が選手を直接見ることができるからです。それともう一つ、虎ノ門には組織委員会の本部があるだけではなく、笹川財団のビルにパラリンピックサポートセンターもあります。ですから、虎ノ門から始まって日本橋に行く、というルートが一番適しているのではないか、と私は主張したのです。ところが、それにことごとくJOCは反対をしました。金がかかるとか、セキュリティの問題があるとか、選手が疲れるとか、言いたい放題のことを言った。しかし結局、私の提案のように決まった。

まだあります。リオの開会式から帰ってきたら、JOC幹部がスポーツ庁の鈴木（大地）長官に、オリンピックだけでパレードをやりたいと言っていた、という情報が入りました。もちろん鈴木長官は耳を傾けなかったようです。さらに加えて組織委員会のメンバーが、リオで橋本聖子選手団団長から「パレードは別々にできないのか」と言われ、途方に暮れて私に電話をかけてきました。私は橋本さんに、どうしてそんなことを言うのだ、と電話をしました。「これだけみんなが、パラリンピックが終わってから一緒にパレードをしよう、と言っているのに、あなたは国会議員でもあるのに、なぜそんなにオリンピックにだけ肩を持つのですか。情けない人だ。あなたの考え方とは思えないね。正直なことを言いなさい」。そしたら「会長、申し訳ありませんでした。じつはある人に頼まれました」。それは誰だ、と聞いたら、それだけは勘弁してください、と言うのです。

こういう背景があって、あのパレードが行なわれたわけですが、その結果はどうだったでしょうか。多くの観衆が沿道に並ぶことができました。選手たちの、特にパラリンピックの選手たちの喜びというのもすごかった。もしパラリンピックだけでパレードをやれと言われたら、おそらくできなかったでしょう。

関係者は一生懸命に車を探したそうです。車椅子に座ったまま乗り込めて、しかも沿道から見えるという、非常に条件の難しい車を何台も集めてきました。もちろん、トヨタをはじめ自動車関連の企業のご協力があったればこそだけれども、その努力の甲斐あって、選手たちも、多くの国民も喜んだ。

この結果を、ＪＯＣのみなさんは、どう見ているのでしょうか。一言ぐらい私にお詫びをするか、反省の念を示してくれてもいいような気がします。

私も、竹田さんがパラリンピックはよけいなものだと考えておられる、とは思いません。しかし、JOCのみなさんにとっては、大事なのはパラリンピックよりもオリンピックのほうなのでしょう。竹田さんの責任だ、とは言いたくないけれども、竹田さんは、JOCのそうしたわがままを抑えられていないのではないか、JOCの役員たちは、竹田さんを担ぎ上げて、思うままにやっているのではないか、という気がしてなりません。

JOCではオリンピック招致はできない

私がオリンピックの日本招致に関わったのは、日本体育協会の会長という立場で二〇一六（平成二十八）年招致の協議会のメンバーに入ったときからです。その頃、オリンピックの招致は、常にJOCが主導権を持って進めていました。私も国会議員のときからその招致活動を見てきましたが、この二〇一六年招致は完敗でした。

当時の石原（慎太郎）都知事も帰りの飛行機の中でがっかりして、「もうこんなもの、俺はやりたくねぇや」なんて言っていました。選挙にめったに負けたことのない人だから、よほど悔しかったのでしょう。

じつはそれからしばらくして、彼は次の都知事選には出ないと宣言しました。そこで私は、自民党の谷垣（禎一）総裁、大島（理森《ただもり》）副総裁から、四選に出馬するようなんとか石原さんを説得してほしい、と頼まれました。当時、息子さんの石原伸晃さんが自民党の幹事長をしていたのですが、私は、自民党の東京都知事候補に父親を出せないと彼にきわめてマイナスになる、それに、何と言っても石原さんが知事にならないとオリンピックは招致できない、なんとしても石原さんの力でもう一度招致活動をしたほうがいい、と考えていました。そういうこともあって、石原さんを説得する役目を仰せつかったわけです。

説得するまでにいろいろな経緯はありましたが、この日のことだけは忘れもしません。二〇一一年三月十日、東日本大震災が起きた前日です。この日の夜半から翌十一日の朝までかけて、赤坂プリンスホテルの一室で、私と伸晃さんとで石原さんを説得しました。結果、石原さんが四選に出ると言ってくれた。都議会との関連でぎりぎりのタイミングだったのだけれども、どうやらそれで、まずはオリンピック招致再挑戦のスタートが切れました。その午後に大地震が起きただけに、私には忘れられない出来事です。

二〇一六年の招致に負けたとき私は、ＪＯＣの人たちがこれからも中心になっていたら絶対に勝てないな、と思いました。彼らは自分たちの世界観だけでしかものを見ていません。二〇二〇年の招致に向けて動き始めた頃くらいから、誘致協議会も少し我々の意見が反映されるものになってはきましたが、彼らは自分たちだけでものごとを進めようとします。人の協力というのは形だけで、何も知らせないのです。

ＪＯＣ会長の竹田さんはとても立派な方です。争いごとも嫌いだし、円満な人で、外国からもプリンスとして評価されているようです。旧皇族竹田宮家の出身で、皇室の縁戚でもある。それは尊重しなければならないのですが、あえて言いますが、問題は、自分のお友だちばかり、しかも出身の慶應の人たちばかりが周りを囲っておられることです。そして、竹田さんを周りの人たちが殿様にして、好き勝手なことをやっている。竹田さんが君臨して強権を振るっているということではない。竹田さんは象徴として座っているだけで何もしない。

竹田さんにはどなたも意見を言うのを避けているようですが、私はそばで拝見してきて、床の間に座ってもらうにはふさわしい人かもしれないが、自分の判断、意志でＪＯＣを動かしたことはないのではないか、この人がオリンピック開催国の日本のスポーツ界を代表して居られるのだろうか、と疑問に思うようになりました。

現時点で、竹田さんのＪＯＣ会長の定年をさらに延ばそうという動きがあるようです。

それは、竹田さんの意志というよりも、取り巻きの人たちの思惑のようです。要は、竹田さんのような人が会長でいるほうが好都合、と考える人たちが、今のＪＯＣの体質をつくっているのではないでしょうか。ＪＯＣは傘下の団体に、国から多額の強化費が出され、これまで不明瞭に使われたケースがありました。きちんと統制がとれているとは、とても思えません。

私は日本体育協会（体協）の会長を定年を超えて務めましたが、三期で辞めるとき、定年の枠を外そうと提案し、それを実現してから辞めました。定年の枠を外して自分が居座ったのでは、スポーツマン精神に反するし、次に務める人たちのためにもならないからです。竹田さんも、自分の定年を延ばしたいから定年の枠を外すのではなく、枠を外してみずから辞めるべきです。

ＪＯＣは、体協とともに、日本のスポーツ団体の総帥です。総帥は総帥らしく、きちんと役目を果たし、スポーツ界を引っ張っていってほしい。

話が横道に逸れたようです。元に戻しましょう。

招致運動はＪＯＣだけに任せないで、東京２０２０オリンピック招致委員会を、石原都知事を会長にして二〇一一年に設立し運動を始めました。だから成功したのです。

はからずも組織委会長に

オリンピック招致が決まると、次はオリンピック組織委員会の設立となります。その組織委員会の会長を誰にするかが問題でしたが、じつはその会長を選ぶ仕事を私が仰せつかりました。

二〇一九年のラグビーW杯（ワールドカップ）では招致組織も作ったし、組織委員会も作ったので、今度はオリンピックの組織委員会も考えてほしいということです。

最近、猪瀬（直樹）元知事がテレビの報道番組で、私は会長には経済人がいいと思っていたのに、森喜朗が自分でやりたいものだから、その席を奪っていった、という趣旨の発言をしています。それだけではなく、知事を辞めた五千万円事件も、自分を辞めさせるための、一部の都議と共謀した森のはかりごとだ、と平然と愚かなことを語っています。

じつは私は、組織の運営は政治家より財界人がいいと思っていました。前回、一九六四（昭和三十九）年のときの会長も、初めは官僚・政治家だった津島壽一《じゅいち》さんだったけれども、津島さんは途中で辞め、当時安川電機の社長だった安川第五郎さんが後を継ぎました。それで財界の代表として、元経団連会長のキヤノンの御手洗《みたらい》（冨士夫）さんが浮かんだのですが、すでにラグビーワールドカップ２０１９の組織委員会会長をお願いしてしまっていました。そこで、私の後の日本体育協会会長をお願いしたトヨタの張（富士夫）さんを候補に挙げ、お願いをしました。しかし張さんは、体調のこともあり、自分の根拠地が豊田市であることもあって、その任にはつけない、というお答えでした。それならば、若いけれども世界一の企業の社長をしている、トヨタの豊田章男《あきお》さんにぜひお願いできないか、と御手洗さんと張さんに相談をしました。

お二人はトヨタ名誉会長の豊田章一郎さん、つまり章男さんのお父さんに相談したのですが、章一郎さんは「ダメだ、まだ早い。今、日本に帰ってきたばかりで、もうすこし会社のこともやらなければならないし、財界の勉強もさせなければならない。むしろ、森さんに頼んだらどうだ。森さんなら我々財界も協力する」と言われたようです。

しかし、それでそうですかと受けるわけにもいかないので、東京都の関係者、政府、そして安倍総理にも人を介して意見を聞いたら、「それは森さんが一番いいじゃないか」ということになった。えらいことになって、気も重くなったけれども、スポーツこそ我が人生と思っているから、これも運命、オリンピック組織委員会会長を引き受けざるを得ない、と観念しました。

なお、当時日本ラグビーフットボール協会の会長をやっていたのですが、そちらはW杯のこともあり、兼任では責任が持てないので、会長を辞めることを断腸の思いで決意し、東芝の元会長であり日本商工会議所会頭でもあった岡村（正）さんに会長をお願いしました。

ガンが再び見つかる

ところが、オリンピック組織委員会の会長になってしばらくして、どうも体調がおかしいなあと思ったら、肺にガンができていた。

私はどういうわけか、何か大きなことに遭遇すると、体の具合が悪くなるようです。総理をやる前の幹事長のときにも、前立腺ガンがわかりました。そのときはまだ小渕（恵三）さんが倒れるとは思っていないから、幹事長をやりながら、どこかで手術をしなければならないと思い、医者と相談をしました。もういっぺん正式な検査をやろうと虎の門病院に予約をしていたら、小渕総理が倒れられた。それで、党として緊急の役員会を開き、また両院議員総会を経て私が急遽自民党総裁に推され、総理大臣に就任することになりました。二〇〇〇（平成十二）年四月五日に所信表明を行なってから、虎の門病院に走りました。医師からすぐ手術をしたほうがいい、と言われましたが、総理になったばかりですぐ手術で入院ということになると、政局が不安定になりかねません。それで、PSA値（前立腺ガンのマーカー）を測りながら手術は伸ばすことにしました。

PSA値は四以上になると、ガンの疑いがあり、二ケタになったら要注意で、私はそれが三十八まで行きました。心配しながら、一年は何とか務めました。支持率もよくないし、六月には参議院選挙があるので、そのタイミングを見て、小泉（純一郎）さんにバトンタッチをして辞め、入院をしました。そのガンは手術で除去したのですが、二〇一五年三月、今度は肺ガンが見つかったわけです。

肺ガンは治るのが難しいと言われていて、私も、せいぜい一、二年しか持たないかもしれない、ここから自分に与えられたことだけはしっかりやっていこう、と思いました。

運よく新しい薬が去年の一月に出て、それが私にピタッと当たったようです。免疫を強くして、自分の免疫でガンをやっつけるという薬です。そのおかげで、一時はもう諦めていましたが、髪の毛は元に戻るし、身体もまた太ってきました。

しかし、そうは言っても、私ももう七十九歳です。人間、八十まで生きていれば、どこか悪いところが出るに決まっていますから、ここまで生かしてもらったことは感謝しなければいけないので、日々一つ一つ、基礎的なことはすべてやって、誰が後に来てもつつがなくできるようにしておこう、と思っているところなのです。

異分子を排除する体質

さて、オリンピック組織委員会に入ってみて、どうだったか。

これは、私としてはぜひとも記録に書き残したいことがあります。いかに猪瀬元都知事がいい加減な立候補ファイルを作っていたか、国立競技場に関して下村（博文《はくぶん》）文部科学大臣がやるべきことをやらないで、マスコミに間違った情報を流していたかとか、例を挙げれば、いやになるほどある。

それらを直しつつ、やっと軌道に乗りそうになったところへ、今度は舛添（要一）知事が退任することになった。舛添都知事は、最初は東京都連（自民党東京都支部連合会）とうまくいっていませんでした。私の大きな仕事の一つは、知事と東京都議会のみなさんとがうまく協調できるようにする調整役です。毎週一回は知事室に行って、知事と昼食をとりながら、その調整をさせていただいていました。その成果が出て、去年の六月に入って初めて、舛添さんが人事案を決めるということになった。そして、五輪担当の副知事を任命し、これからというときに、舛添さんが外遊費やら政治資金の公私混同やらで退陣となったわけです。

しかし誰が知事であっても、オリンピックは東京都が招致し、東京都が主催するものです。そして、準備作業と実際の運営は、委託を受けた組織委員会がすべてやる。IOCの規定でそういう形になっていますから、私が責任を持ってやらなければなりません。「オリンピックをやめよう」と言う知事が出てこない限り、これはすべてやらなければならない。

実際、どのようにしてきたかというと、当初一年、二年は静かに見ていました。そうしていると、組織委員会には、JOCや東京都庁やその他民間から出向してきている人たちがいっぱいいますが、彼らが何を考えているのかが大体わかってきます。

JOCはIOCの日本の支部的な機関です。だから、前にも記したように、パラリンピックなどの異分子が入ってくるのは、本質的には嫌なのでしょう。そして、異分子と言えば、私も一番の異分子になります。それで、いわゆるスポーツ一家の人間ではないということで、非常に警戒されていました。

私から見れば奇妙な世界です。JOCから、組織委員会に局長クラスで来ているのがいるのですが、じつは冬季オリンピックの競技団体出身で、国内でも国外でも、夏の競技団体とはまったく無関係の人です。それなのになぜJOCが、この人をJOCを代表する人間として派遣してきたのか、私は今でもわかりません。ＩＯＣに行っても、彼はＩＯＣの人間を誰も知らないのです。ＩＯＣが私どもに出す指示は、一応全部ＪＯＣを通してくるのですが、彼は間際になるまで言わない。情報を隠す。大事な会議があっても、間際まで教えない。だから私も、スケジュールの調整がつかず、行けないことがままありました。

事務総長人事

最近、メディアを通じて私への批判がよく出ます。また、意図的に週刊誌などに間違った情報が出されることがじつに多くなった。さきほどのＪＯＣのところでもおわかりのように、自分たちの世界にまったく違った人が入ってくるということには、よほど抵抗があるらしい。

オリンピックの誘致をした知事だということで、猪瀬元知事は当然自分が組織委員会の会長になると思っていたらしい。ところが、知事自身は会長になれないというＩＯＣの意向があり、彼は名誉会長になろうとしたようです。そして会長に竹田さんを立て、誘致に大活躍をした水野（正人）ＪＯＣ副会長を事務総長にする、という布陣を敷いた。

もうすでに、その名刺まで全部刷ってあったそうです。私は見ていないけれども、名刺を見た人がいっぱいいる（注：水野正人氏はスポーツ用品メーカーのミズノの元代表取締役会長で、東京２０２０オリンピック・パラリンピック招致委員会副理事長兼専務理事。コンプライアンスの問題からその任につくのは適当ではないという意見があり、結果として就任しなかった）。

それが突然、猪瀬元都知事が五千万円問題で辞任し、その布陣が崩れてしまった。そこに私が登場したから、それは面白くない。私が会長になって順調に進めていくということを、じつに不愉快に思っているようです。

私が会長に就いてまずやらなければならなかったのは、事務総長の人選です。私が会長に就いたために、猪瀬、竹田、水野ラインはご破算になったわけですから、まずそこを決めなければならない。

これは私に代わってかなり数字に明るい人材でないと困る。組織委員会の要ですから、各方面ににらみも利いて、なおかつ敵も少なく実務に明るいという、そんな人はなかなかいないので、ひそかにかつ慎重にいろいろな方に相談をしていたら、竹田さんが驚くべき人を推薦してきました。

これには私も驚きました。なんと麻生太郎（財務大臣）さんの弟（泰《ゆたか》）さんを推薦してきたのです。麻生セメント株式会社の社長で、九州経済連合会の会長になったばかりの人です。彼を事務総長にしてくれと言ってきた。

「本当に竹田さん、麻生泰さんはやれるんですか？　あの人は九州にいるんじゃないですか」

「いや、大丈夫。東京にしょっちゅう来ている。あの人ならいいです」

結論から言えば、なぜ竹田さんが麻生さんの弟さんを推したかというと、どうも慶應のお友だちだからではないかとの穿《うが》った見方もあります。

しかし私は、これは大変なことになったな、と思った。これでやれるのかどうか。麻生さんの弟さんについては詳しいことは知らないけれども、麻生さんとは仲もいいから、私はすぐ財務省へ行って麻生大臣と話しました。

「あなたの弟さんを組織委の事務総長にしたいと竹田さんが言っているけど、あなたは承知しているんですか？」

「えーっ、何を馬鹿なことを言っているんだ。そんなことやれっこねぇじゃねぇか。あいつには会社もあるし、九経連の会長になったばかりだし。あり得ないよ、森さん」

「本当だね。あとから、私が反対したと言って、文句を言わないでくださいよ」

「そんなこと言わないよ」

組織委員会会長として挨拶する筆者。右は武藤敏郎事務総長、左は宮田亮平東京 2020 エンブレム委員会委員長。Photo:Tokyo 2020

　これで兄貴の麻生大臣の気持ちはわかったが、念のために、安倍総理にも会って意見を聞きました。

「冗談じゃありません。そんなことできるはずがないですよ」

　安倍総理の地元は山口で、山口と九州は九州経済連合会という集合体をつくっているから、麻生さんの弟さんのこともよく知っておられます。

「そんなこと、できるわけがないよ」と安倍総理もおっしゃるから、「じゃ私の判断が正しい」と思った。

　それで、もういっぺん麻生さんのところに行き、

「総理もそう言っておられるし、あなたもそう言われるから、あなたのご令弟は諦め

ますよ。しかし、できればその代わりの事務総長を推薦してくれませんか」

とお願いしました。これは、結果的に我ながら名案だった。

そうしたら麻生さんは、財務省OBから二人推薦してくれました。それで私は、これは武藤（敏郎）氏だな、と判断しました。彼は大蔵省の主計局にいたときに教育問題をずっと担当していた。非常にスポーツに明るい。しかも大蔵（・財務）事務次官、日銀副総裁と文句のない経歴の持ち主でした。昔は石川県の総務部長などもしていたことがあって、私とも非常に懇意だった。人物的にもいい。この人が一番だと思って、大和総研の理事長である武藤さんとホテルオークラで会い、説得しました。

「引き受けてくれませんか」

「私が何でそんなことしなければいけないのですか」

「お国のためです。お互いにもうそう長い人生じゃないじゃないですか。私もそういうつもりでやるんだから、ぜひ頼みますよ」

それで、「じゃ、大和総研に話してください」というので、大和証券と総研の会長、社長に会って頭を下げ、丁重にお願いをしました。こうして事務総長は武藤さんに決まったわけです（武藤氏は今も大和総研の理事長を兼任）。

組織委は出向者ばかり

これまでは、組織委員会及びＪＯＣの幹部についての問題に触れてきましたが、じつはもう一つ、その下の職員構成にも問題があります。

ここの職員は現在約七百名、ごく一部を除いて全員出向者です。この組織がスタートしたときは百四、五十人で、常に四割くらいが東京都からの出向者、あとは各省庁、さらには地方自治体や民間企業からの出向者です。民間は電通をはじめＪＴＢ、近畿日本ツーリストなど、いろいろな方面の関係会社から来ています。それぞれ利害関係もありますが、みんなの気持ちは、オリンピックを成功させようという方向に向いています。

ただ、私が会長に就任した初めの頃は、どこを向いて仕事をしているかわからないような人もいました。オリンピックのことよりも、古巣を意識し、帰ったとき自分の立場がどうなるか、ということばかり考えて仕事をするのです。

些細な例を挙げると、ここ（組織委員会）にオリンピックを宣伝する幟《のぼり》があるのですが、レスリングの団体から選手の壮行会があるので貸してください、と言ってきた。ところが担当者が、「各団体には貸さないことになっています」と断わったのです。そういうときは「どうぞ使ってください。あとで返してください」でいいのに、杓子定規に断わった。こんな笑えないような笑い話がずいぶんあります。

こんなこともありました。今度の大会の記念バッジができたので、広報してもらおうと国会議員や都議会議員のところに配らせました。ところが、一向にその広報効果が出てこない。どうしてなのか疑問に思っていたら、内閣府にあるオリンピック・パラリンピック推進室に持って行って、そこから配らせていたことがわかりました。そんなことをしたら、誰も組織委員会が作って配っているとは思いません。せっかくお金を出して作ったのに、心のこもった配り方をしていない。これは、まったく役人のやり方そのものです。こういうことがしょっちゅうある。

なぜ出向者ばかりでやっているのかというと、この組織委員会という法人は、オリンピックが終わると解散しなければならないからです。おそらく最終的な職員数は七千人くらいになりますから、全員を正規に雇用したら、退職金だけでも計算できないほどの大変な金額になります。そんなお金は払えないから、出向してもらっているわけです。

ただ、出向してもらっていることによる問題も出て来ます。何年間にもわたる出向は労働協約に抵触するので、一年ごとに契約しなおさなければならないのですが、当然のことながら、だからと言って一年ごとに出向者が替わられたら困る。途中で替わられたら、また一から勉強し、顔つなぎから何からやり直すことになります。

春は人事異動の季節で、その頃になると、みんなソワソワソワソワして仕事になりません。特に、次は局長だ、課長だという年次の人は、早く都なり本省なりに帰らないと、同期に遅れて、出世コースから外れてしまいます。そういう中で優秀な人材を確保するのは大変です。役人はいったんコースを外れると元に戻るのは難しいシステムで、家族の体面もあって動揺をきたす人も出て来ます。

そういうことでは困るので、私は去年の春、IOCからも指示を出してもらって、ここに来た以上は、幹部は四年後のオリンピックが終わるまでは帰れないと覚悟してくれ、とみんなに伝えました。

去年の春も都や本省に多くの人が帰ったのですが、そこには帰りたかった人もいれば、帰りたくなかった人もいます。例えば、中央官庁から来た人が、その春の人事を外すと課長になれない、と言って古巣に帰りました。一方で、財政担当をしている財務省の職員は帰らなかった。帰らないと主計官になりそこない、今後の出世はなくなってしまうので、私は帰れと言ったのですが、「いいえ、帰りません。この仕事を最後までやりとげます」と言って留まった。こういう人もいるわけです。

組織委員会には、そういう人事面での難しさがあるのですが、私が会長になって二年以上経った頃から、やっとみなさんの気持ちが一つになってきたように思います。外に言うべきことではないのですが、じつは私は会長職を、給料を貰わずボランティアでやっています。車もなく、秘書もいません。私設秘書や運転手は自分のお金で雇っています。一日一万円くらいの日当は出るのですが、それは全部組織委員会に預け、職員との交流に当てています。年に二回、盆と暮れに懇親会を開いているのです。この組織は全員が集まる機会がまずないので、せめて夏と暮れだけは全員集まって、酒も料理も出して懇親会を開く。ここにはそういう会合を持つ経費もなく、当然、交際費もないので、足りない部分は私が自分のポケットマネーから出しています。こうして懇親会を開くことで、少しでも人間関係を良くしたいと思ったわけです。自分のセクションだけでなく、直接触れることのない人たちとも話ができ、参考になることも多いので、みんな楽しそうにしています。

このように、私は懇親会をやってよかったと思っていますが、どんどん人数が膨れ上がり、会場探しが難しくなってきたので、残念ながら去年の暮れ、「これで最後にします」と挨拶しました。

猪瀬元都知事のずさんな計画

会長に就任したとき、まずやらなければならないと考えたのが、全体の予算の洗い直しでした。招致活動をしていたときに東京都がＩＯＣに提出した立候補ファイルにある予算計画を、検討し直したのです。これは、当時の猪瀬元都知事と招致委員会が作って、招致委員会理事長の竹田さん、副理事長兼専務理事の水野さんらが提出したもので、就任後、ひととおり洗ってみて、いかに滅茶苦茶な計画かということが歴然としました。施設をベイエリアに集めたコンパクトな会場計画を謳い、それが評価されたと言っているのですが、これが大変ずさんなもので、大きな問題でした。

東日本大震災が起きて、計画作成時よりも建設材料費も人件費も高騰したということはあります。しかし、それだけなら、ある程度仕方がない。計画が合理的で無理のない素晴らしいものなら、あとは無駄なところを削って、なるべく当初予算に近づけるだけです。

ところが、大問題が三つあった。一つは、売り物にしていたコンパクトな会場計画です。晴海を中心に八キロ圏内に九割の会場を造り、十五分以内で行ったり来たりできるというのですが、じつはこれが高くつく元になる。何をやるにも高くなります。

小池(百合子)都知事は二〇一六年七月の都知事選挙中、「せっかくコンパクトにした原案を組織委員会が拡大してしまった。それで膨大な経費がかかるようになった」と言っていました。私は彼女の当選後、小池さんに会って、「あなたは間違ったことをたくさん言ったが、これが一番の間違いだ。八キロ圏内に九割の施設を持ってくることが、そもそも多額の経費がかかる原因だ」と言いました。それで初めてわかったようでしたが、ああ言えばこう言う式で、彼女はこう答えたのです。「いいえ、私は地形的な広がりをコンパクトと言っていたのではないのです。お財布の中身をコンパクトにしようと言ったのです」。そして今度は、「もったいない精神でやる」と言い出しました。でも、「これではあまりにもったいない」と思い、当初の計画より二千億円も削減したのは私です。私こそ元祖「もったいない人間」です。

まず、多くの施設を近県にシフトしました。近県の既存の施設を利用することで経費を抑えようということです。これはIOCが二〇一四年に策定したオリンピックの改革案「オリンピック・アジェンダ2020」に基づくものです。「オリンピック・アジェンダ2020」は、お金を掛け過ぎてはいけない、造る以上はレガシー(遺産)にしなければいけない、という改革理念を文章化したものです。

当初のコンパクトな会場計画がどういうふうに問題だったのか、具体例を挙げて説明しましょう。

例えば、ヨットレースを当初の計画の通り東京湾でやるとなると、波除けの防潮堤を造らなければなりません。それが一本四百八十億円で、二本必要です。それだけのお金を使ってやる必要があるのかどうか。当時の日本セーリング連盟の会長は、今ＪＯＣの副会長で、竹田さんの側近みたいな人物ですが、彼が私に、最初の新宿オフィスでの会議のときにこう言いました。

「東京湾に素晴らしいヨットハーバーを造るのは、我々ヨットマンの夢です。それを会長は壊すのですか」

「それなら君が知事選に出たらどうだ。知事選に出て都民に訴えなさい。そうして、みんなが納得したら、一千億かかろうと二千億かかろうと防潮堤を造ったらいいじゃないか」

私はそう答えました。結局、私の説が通って、ヨットは神奈川県の江の島に行くわけです。

それから自転車競技場の伊豆ベロドローム。傾斜の付いた自転車用の木製のトラックですが、建物は別にしてそのトラックを造るだけで、だいたい四十億円から五十億円かかる。さらに、ドイツ人のトラックデザイナーの指導を受けて造らなければいけないらしい。それを晴海の自転車コースに入れるけれども、終わったら壊す、というのです。そんなばかなことが許されますか。造ったものをどこかに転売できないのかと聞くと、引き受け手がないと。日本の自転車連盟で引き取れないのかと聞いたら、連盟はすでに選手養成用に修善寺（伊豆市）にいいものを持っている、と言うのです。だったらそこでやればいいではないですか。これも結果的にそうなりました。

まだあります。ビーチバレーの会場は、お台場の横の品川区が持っている潮風公園に造るということになっています。林の真ん中に原っぱのある綺麗な公園です。ところが、ここにはビーチがないので、砂を買って持ってこなければいけない。その砂だけで約二十億円かかる。そのほかに一万五千人収容できるスタンドを造れ、ということになっていて、このスタンドを造る費用が約四十五億円です。ビーチバレーをやるだけで約六十億から七十億の金がかかって、なおかつ、一週間くらいで終わるのですが、終わったら直ちに全部壊して元の公園にするという。ビーチバレーなのだから、ビーチのあるところでやればいいのに、むりやり晴海の周りでやろうとするから、無駄な施設ばかり造ることになる。これもまだ結論は出ていません。こうしたことが、まだまだいっぱいあります。

この猪瀬元都知事と招致委員会が作った立候補ファイルの計画は、コンパクトだか何だか知らないが、まともに調査して作ったものとは思えないものがたくさんあります。現実と合わないのです。

その証拠が、羽田空港への航空機の進入ルートの問題です。その時々の風向きで進入ルートは変わるのかもしれませんが、いずれにしても東京湾上空を横切る。特に七、八月は浦安のほうから羽田に入ってくる。

今のオリンピックのテレビ中継には、空撮が必須です。ボートやトライアスロン、自転車、マラソンなど、戸外で行なう競技には空撮があります。特にヨットなどは、空撮を駆使する最たる競技で、ヘリコプターを何機も飛ばして中継します。

テレビ放送に関してはＩＯＣが設立したＯＢＳ（Olympic Broadcasting Services オリンピック放送機構）という機関が全権を握っていて、アメリカのＮＢＣが契約を結んで放送しているのですが、この放送権料が何千億円とＩＯＣに入る。だからＩＯＣは、ＮＢＣの都合にあわせてオリンピックの日程を組んでいる。その都合とは、アメリカでは夏はフットボールとバスケットボールがオフシーズンなので、その代わりの番組ということです。それで、ＩＯＣの命令で日本としては最悪の季節、七月の末からやる羽目になるのです。

それはともかく、羽田への進入路の問題があるので、晴海の近くでヘリによる中継なんかできないのです。今、羽田には一日に千件以上もの発着があります。国交省の管制官に聞いたら「絶対だめです」と言っていました。

しかし、こういうことがわかっても、日本セーリング連盟の連中は、某政治家に頼んで運動したりしていました。オリンピックのときだけ進入路を変えられないか、とか言って抵抗しているのです。

ことほどさように、みんな調べもしないし計算もしないで、自分たちの勝手な都合だけで計画を作った。立候補ファイルの計画通りやろうとしたら、三千億円でできるわけがありません。防潮堤二本で一千億円ですから、すぐ兆の単位になってしまいます。

なぜこんなずさんな計画になったのかといえば、要は、IOCから費用を安く抑えるように言われていたので、安めに節約した数字を適当に提示しておいたということです。IOCに「東京では安上がりなオリンピックができる」と主張したかったからで、招致が決まってしまえばこっちのものだ、あとからどんどん変えていこう、という魂胆だったのでしょう。もちろん猪瀬元都知事一人でできるものではない。当時の都の職員たちが手を貸しているし、彼らを指導したのはJOCの人たちでしょう。

このように、このずさんな計画は猪瀬元都知事と招致委員会が作ったのであって、私が作ったものではない。それなのに、私が組織委員会の会長だからと言って、何でもかんでも私が悪いと言う。組織委員会の役割どころか、招致委員会と組織委員会との区別もついていないコメンテーターがテレビで「すべては森会長の責任だ」などと言うわけです。

オリンピック担当の新聞記者やスポーツ評論家などは、区別はついていると思いたいけれど、どうも疑わしい。週刊誌なんかは、私の足を引っ張る連中の流したデマを、私に裏付け取材もしないでそのまま書いています。

このマスコミの歪曲報道については、別に紙幅を設けて、後述しましょう。

すべての混乱の原因は、晴海の八キロ圏内でやると決めて、まともな調査もせずに計画を立てた人、すなわち猪瀬元都知事にあります。招致委員会にも、同等の責任はあるでしょう。猪瀬元都知事個人を言うわけではないが、猪瀬元知事の大罪だと思っているのです。

彼は「東京都には今でも金庫にキャッシュで四千億円ある」という有名な演説をしました。これは東京都がそれまできちんと積み上げてきたもので、このお金があれば充分に施設が間に合うという計算であったようです。しかし、私が就任してみたら、東京都が負担する施設代だけで、もう四千億円をはるかに超えていました。

そのままでは資金不足で施設ができなくなるので、費用の洗い直しをして二千億円くらい削り、提出していた立候補ファイルの建設計画を変え、すぐにＩＯＣとも話をしました。この過程で私は、どうレガシー（遺産）として残すか、また都民の税金をどう有効に使うかを考えて、必ずしも施設を東京都内に置く必要はない、という判断を下しました。

じつはこのことについては、都議会のみなさんに大変に申し訳ないことをした、と思っています。なぜなら、都議会のみなさんも、晴海を中心にコンパクトにということで、施設の誘致をしたいという我田引水的なことを、節度をもって我慢をしてくれていたからです。そういう中で実質的には東京を離れ、埼玉、千葉、神奈川、静岡など他県にお願いすることになったわけですから、まことに申し訳なかったのですが、東京都はじめ都議会も非常に理解をしてくれて、なおかつ協力をしてくれました。

ＩＯＣのバッハ会長も、金のかからないものにしようと賛成してくれました。前にも述べましたが、彼は「オリンピック・アジェンダ２０２０」という四十項目のオリンピック改革案を出しました。「アジェンダ２０２０」については、日本のマスコミは野球などの追加種目のことばかり取り上げていますが、改革案の第一は、とにかく金をかけないこと、既存の施設は大いに活用しろということなのです。

「アジェンダ２０２０」が二〇一四（平成二十六）年十二月のモナコのＩＯＣ臨時総会で決議された際、私は現地に行き、バッハ会長と一緒に食事をしながら、「アジェンダ２０２０」を出してくれたことにお礼を申し上げました。そのとき『２０２０』というのは東京大会の二〇二〇年の意味ですか」と聞いたら、「いや、そう受け取ってくれてもいいのだが、じつはアジェンダが四十項目あるので、四十を二つ、二十と二十に分けただけだ。しかしミスター・モリ、あなたがそれを東京のためにやってくれたと思うなら、そう思いなさい」と言うから、私はバッハ会長の寛大な判断に感謝をし、東京のためにやってくれた、と思っています。

それで、ＩＯＣのお墨付きが出たので、さっそく、バスケットボール用の体育館を造る計画を止め、埼玉県さいたま市のさいたまスーパーアリーナを使うことにしました。また馬術でも、晴海に馬場を造るという計画は無駄なので、一九六四年の東京五輪の会場であった世田谷の馬事公苑に変えました。竹田さんも馬術のオリンピック選手で日本馬術連盟副会長なのに、私が会場を馬事公苑に変えたら、あとで「いや、森さん、よかった。ありがとうございます」と言うのです。私からすれば、竹田さんご自身がもっと積極的にそう言うべきだったのではないかと思います。

いずれにせよ、自分たちでもっと節約してやろうと思ったら、あんな案ができるはずがないのです。これが猪瀬元都知事の大罪の一つであり、スタートのつまずきです。

新国立競技場をめぐるトラブル

三つの問題の二つめは、国立競技場の問題です。

国立競技場は、当初石原さんが知事のときに、晴海に新しく造るということでした。晴海に造るということなので、私はこれまでの国立競技場をこの機会に直してもらいたいという気持ちを強く持っていたから、「そんな海のところに行かないで、神宮のものを直せばいいのではないですか」と言ったけれども、石原さんは頑として晴海を主張されました。ところが、いよいよ本格的な準備段階に入ったら、陸上競技の記録をとるには、風があって駄目だ、ということがわかった。良い記録が出ても参考記録にしかならない。事実、今でも千葉ロッテマリーンズの本拠地、幕張のZOZOマリンスタジアムでは、野球のボールがしょっちゅう風で変わります。野球ならそれでも何とかなるでしょうが、陸上競技では、公式の競技会ではなくなってしまうわけです。結局、海岸に近いところの陸上競技場はダメだとなって、元の神宮の国立競技場を改築するという話になったのです。

その晴海に造るときの案が、たしか当初一千億円だった。そしてその一千億円を東京都と国で半分ずつ負担しましょうということでした。つまり、国立競技場を造る費用の一部は東京都が負担する、というのが当初からの案だったわけです。その後、石原知事から猪瀬知事に代わり、文部科学大臣になった下村さんとしょっちゅう二人で会談をし、そのあと記者にブリーフィングして、何度もこのことが記事になりました。したがって、このことは都議会にも根回しされていて、都が一部を負担するということは、既成の事実でした。

ところが、知事がさらに舛添さんに代わると、彼は理屈が先の人だから、国の施設である国立競技場に東京都が金を出すのはおかしい、こんなことをオンブズマンに追及されたら持たない、と言い出した。前の知事とは違うぞ、厳しくチェックするぞ、というところをアピールしたかったのでしょう。後先のことも考えず、下村大臣とカチャンカチャンカチャンカチャンやりあって、話がだんだんおかしくなった。

私は「舛添さん、どっちにも言い分があるけれど、それを言ったら元も子もなくなって、みんな壊れるんじゃないですか」といさめたが、「国の施設に都が金を出すのはおかしい」というのは一応理屈が立っているものだから、なかなか納得しませんでした。

それで私は、「舛添さん、あなたはそう言うけれども、高速道路の入口のところはみんな都道に入っているし、東京都が金を出している。あるいは羽田空港の滑走路に、東京都は一千億近い金を出している。国の施設に東京都が金を出すのはおかしいということは、一般論としてはあっても、現実にそのことは容認されているケースもあるんです」と申し上げたら、少し変わってきました。

国立競技場の問題は、舛添元都知事と下村大臣がやりあっているうちに、世論に注目されるようになりました。当初は国と都で五百億円ずつ持つということだったのが、その頃は、結局千五百億円くらいかかるのだから、都が三分の一持ってくれないか、という話になっていて、そこからワーッと世論が騒ぎ出した。世論と言ったってマスコミが作るわけですが、それを下村大臣がきちっと受け止めて、「価格に合うかどうか、これからきちんと精査します」と言っておけばよかったのに、「自分も金をかけ過ぎだと思う」とか「節約できるところはある」とか、メディアに迎合するようなことを言ったために、せっかく決断した知事と益々意見の対立が生じてきました。そして下村大臣が「何を節約するのか」と聞かれて、屋根の開閉式を止めるとか、観客席を減らすとか言ったものだから、根本からやり直す羽目になったわけです。

こうして大きな政治問題になったのですが、ちょうどその頃、安倍総理の支持率が安保法制問題で下がってきた。官邸も困って、何とか支持率を盛り返す方法はないかと考えたのでしょう、今揉めている国立競技場問題を官邸に一任させて解決する、ということになりました。

しかし、どこからか、それをするには森の了承をとらねばならない、という話が喧伝《けんでん》されて、私が安倍総理から呼ばれるわけです。

このとき、私のほうからは何も言いませんでした。総理も黙っていました。少し大げさだけど、勝海舟と西郷隆盛です。黙ったまま三十分いたら、秘書官から「下村大臣と遠藤（利明）大臣（オリンピック担当相）が見えています」というメモが入ったので、「総理、もういいんじゃないですか、二人呼んだらどうですか」と言いました。一任してほしいというお気持ちがそこまで総理にあるのなら、それはお任せするしかない。こう考えて私も、それに従ったわけです。

メディアをはじめ各方面が「私の了承が必要だ」と言ったのは、改築計画を白紙に戻すと、国立競技場の完成が二〇一九年秋のラグビーW杯に間に合わなくなる、と心配したからです。

私は、「W杯に国立競技場をどうしても使いたい」などと一度も言ったことはありません。もともと国立競技場は、一九六四年のオリンピックのときのもので、もう機能的に公式競技ができなくなってきており、建て替えなければいけない代物になっていたのです。しかし、何かのきっかけがなければ文部科学省もそれだけの予算がない。だから、きっかけはオリンピックが一番いい、ということになった。オリンピックをもういっぺん日本で開こうという声は、そういうことから多くの議員たちから出たのです。たまたま二〇二〇年のオリンピックの前の年に、すでにラグビーW杯を招致することが決まっていたので、それなら新しい国立競技場を使わせてもらおう、という話になりました。だから、ラグビーを国立競技場でやる、と初めから考えて計画を進めてきたわけではないことだけは、明白にしておきたい。横浜の日産スタジアムをメイン競技場にして、全国十二カ所でやるという案で、ラグビーのW杯を招致したのです。あとから「新国立競技場が間に合いますから、ラグビーもどうぞ」と言われ、それはありがたいと期待したことは事実だけれども、結果的には最初の予定通りになりました。

私が国立競技場建設問題で「了承する」というのは、ラグビー協会の会長としても、組織委員会の会長としてもあり得ないことです。

結局、国立競技場があんなことになった原因は、突き詰めると、当時の石原知事と建築家の安藤忠雄さんに行きついてしまいます。あまり石原さんのことを言いたくないけれども、その当時の力関係では、なぜか都知事の発言力が強かった。二〇一六年のオリンピックの誘致以来の経緯があったので、国立競技場をこういうふうにしよう、ああいうふうにしようというのは、文部科学省よりもむしろ石原元都知事が影響力を持っていたわけです。

そこに石原さんが安藤忠雄さんを連れてきて、彼に新国立競技場デザイン・コンクール審査委員長という権限を与えた。安藤さんはザハ・ハディドという建築家を持ってきた。安藤さんは石原さんが頼んだ世界的に有名な建築家ですから、彼が「ザハ案がいい」と言えば、東京都が改築費の一部を負担することでもあるので、誰も文句を言うはずがありません。

国と都が造り、組織委員会はそれを利用させてもらう立場ですから、私には口を挟む権限はありません。しかし、最初この設計を見たとき、私としては感じが良くなかった。そういう気持ちもあって、誰も反対論を言えないので、個人的な感想という形で「なんか神宮の森に生牡蠣《なまがき》を置いたみたい」と、冗談めかして言いました。それ以上のことは誰も言いませんでした、反対論としては私ぐらいだったでしょう。でも、安藤さんは「闘う建築家」と自分のことを称していたけれども、あの後、何も言わないし、全然出てこられません。

結局、国立競技場は官邸一任になり、建設費もなるたけ安くすることになりましたが、オリンピックのメイン会場にするとなると、ＩＯＣからかなりの注文が来て、普通の競技場のようなわけにはなかなかいきません。

例を挙げると、アンチドーピングに対応するために、厳しい検査をしたあとで選手と一般人とが一切触れ合うことのないよう、通路を別に造らなければなりません。あるいはＶＩＰ用の施設でも、普通のＶＩＰと超ＶＩＰは、別仕様にしなければなりません。例えば、サウジアラビアの国王とかトランプ大統領とかプーチン大統領とかいった方々は、普通のＶＩＰとはまた違うわけです。もちろん、一般の観客とは絶対に交わらないようにする。入口、通路、エレベーター、トイレ、客席など、全部ＶＩＰ用に造らなければならないのです。

それから、先ほども言ったように、全体をテレビ放送する権利はＯＢＳが握っており、今度の東京オリンピックはアメリカのＮＢＣが中継することになっているわけですが、そこからも、高さ五十メートルから三十メートルのところにカメラを五十台置いてくれ、といった注文が来る。そうすると、それを置くだけの高さと、その重さに耐えられる梁《はり》がいる。そういうものをどんどん計算していくと、普通に計算しただけで二千八百億円ぐらいになるようです。

それをメディアは高いと批判するわけですが、そのどこを手直しするかというのは、文部科学省がやることです。ところが、当時の下村文部科学大臣は、四カ月ぐらいまったく放りっぱなしで、何もしなかった。

それで、舛添さんに都知事が代わると、相互に負担する話は早くからついていたのに、舛添さんと下村大臣の二人の波長が合わないこともあって、双方とも自分の都合のいいことを主張し合い、揉め始めて、それがメディアの批判の対象になってしまいました。そして突然、そもそもそんなに建設費が高くなったのは森のせいだ、組織委員会のせいだ、というふうに話がすり替わっていきました。

しかし、私は確かに国立競技場を造る有識者会議（国立競技場将来構想有識者会議）のメンバーではあったけれども、これには国立競技場を利用する関係団体のトップの一人として、当初の立場で言えば日本ラグビーフットボール協会会長として（のちには組織委員会会長として）参加していたのです。後に問題となる、世界的に有名な日本を代表する建築家の安藤忠雄氏をはじめ、日本陸上競技連盟会長の河野洋平さん、日本サッカー協会名誉会長の小倉純二さんといった方々がメンバーです。このほか、国立競技場では音楽や文化のイベントもやるので、作曲家の都倉俊一さんも委員でした。このように、安藤氏以外は、すべて利用者サイドの代表です。この会議はメディアが入っている中で行なわれる公開のもので、発言記録も残っています。

ところが、この有識者会議のメンバーが圧力をかけた、という筋書きになっていって、結局、また私が悪者になるわけです。

私はラグビー協会の立場から、サッカーとラグビーとのグラウンドの広さが違うとか、スタンドとの距離が違うとかいったところを調整する役であって、そんな発言しかしていない。それなのに、新国立競技場整備計画経緯検証委員会という大げさなものを文科省が作ったのですが、その検証委員会が「森が悪い」と言っている、というようなことをマスコミが書き立てた。誰かがそういう話を流したのでしょう。私は、検証委員会でどんな話がなされているのか報告書を取り寄せて読んでみたけれども、私のことは一つも書かれていません。

それで検証委員会に、私の意見も聴取してくれ、と言いました。そうしたら、元検事の委員長がこう言いました。

「いや、森先生にお尋ねしなかったのは、無謀なこと、滅茶苦茶なことは一切おっしゃっていないからです。聞く必要がないから、お尋ねしなかっただけです」

しかし、よく考えてほしいのだけれども、国立競技場を造るというのは百年に一回の仕事です。だから、建設にかかわる人たちはみんな、最高にいいものを造ろうと考えるものです。それに対し、みんなのアイデアの中から優れたものをセレクトし、プライオリティ（優先権）の高いもの低いものを精査し、この程度のものにしましょうと言って初めて、これだけの予算が要るという話になる。これは最終的に文部科学大臣の仕事です。

文部科学省の下部機構にＪＳＣ（日本スポーツ振興センター）という組織があり、河野一郎さんが二〇一五（平成二十七）年まで理事長を務めておられました。この組織が国立競技場の改築プランを取りまとめたのですが、ここもマスコミに叩かれました。しかし、ＪＳＣが作り上げたのは、あくまでもいろんな理想をすべて組み入れ、積み上げたものです。

例えば、屋根は開閉式にしたほうがいいというのは、競技場の維持費を捻出するためにコンサートやショーをやりたいからです。日本武道館でも剣道や柔道で使うことが多いけれども、運営経費はほとんどコンサートなどで稼いでいます。東京ドームでも、ＥＸＩＬＥ《エグザイル》のショーだったら一回で五万人以上入る。私はポール・マッカートニーが来たとき行ってみたけれども、集客力はほんとにすごい。そういうお金が入るから、維持費が出せるのです。だから国立競技場も、いいものを造れば造るほど、ランニングコストを考えなければならない。であれば、雨の多い日本では、やはり開閉式の屋根が必要でしょう、ということになる。

しかし一方で、そういうことも考えず、「そんなものを造るのは贅沢だ。屋根なんかは必要ない」と、調子に乗った軽薄な国会議員がみんなで騒いで、結局、開閉式の屋根はなくなったわけです。政府は、切り詰めに切り詰めて、予算を千四百六十億円に圧縮しました。

これは二〇一五年の八月頃の出来事ですが、じつはこれは、タイミングとしては、非常にまずい時期でした。なぜなら、前にも触れたように、安倍総理の人気がこの頃、安保法制がらみで下降線をたどっていたからです。政府は国立競技場問題を人気回復のテコにしようと考えたのではないでしょうか。安倍総理一任となって、設計からすべてゼロベースでやり直す、ということになってしまったわけです。

だけど本当のことを言えば、文部科学大臣が、何カ月にもわたって世論の批判の対象となっていたこの問題に対し、早めに調整に入るべきだった、と私は思っています。舛添さんと喧嘩ばかりしていた下村大臣が、ある日突然、私のところに来てこう言いました。

「あれ（国立競技場）、改築やり直しませんか」

「私がそんなことを言えるはずないでしょう。私は受益者のほうです。あなたがやるのなら、思うように変えればいいのではないですか」

でも、自分では何もできず、結果的に安倍総理任せにした。そうやってこの騒ぎが収拾したわけですが、そのために、計画の中に収められていた現代技術の粋は、開閉式の屋根はもちろんのこと、全部なくなってしまったわけです。

しかも、こともあろうに、予算を縮小して公募したばかりに、落ちたほうの案にはちゃんと聖火台が付いていたのに、当選したほうには聖火台がない、という不始末まで生じてしまいました。おまけに、「木を使う」ということを売り物にしたため、木材でまた百億円オーバーしました。屋根も木で造ると、聖火台の火が燃え移る危険性があるので、聖火台をどこに置くのか、まだ結論が出ていないようです。

組織委員会は、バカバカしいからこの騒ぎには一切乗らないようにしていました。私も「乗っちゃいかん。これは組織委員会には関係がない。あくまでも国立なのだから、国がやることだ」と言って、関係の会議にも職員を一切出させませんでした。

新国立競技場にカネをかけないなら、かけないなりのやり方があるとは思います。百年に一度のものなのに、せっかくのチャンスだったのに、使い勝手が悪く、ランニングコストの目途もつかない中途半端なものを造るということに、私は非常に憤慨しています。

それから、八万人収容できるスタジアムを私が要求した、などと言われていますが、サッカー側からならともかく、ラグビー側からはそんなことは言っていません。当時の水野JOC副会長が二回ほど公式の場所で、「日本のオリンピックでは、行進の済んだ一万二千人の選手団をいつまでもフィールドで立たせておかないで、会場を一周したら全部スタンドに座らせるようにしたい」ということを打ち上げました。これは画期的なことなので私も賛成したのですが、そういうところから八万人という数字が出てきたのです。サッカーからの要求でもなければ、ラグビーからの要求でもありません。

立候補ファイルの甘い積算

そして、問題の三つめが、前にも触れた立候補ファイルの甘い積算です。これはもう、まったくデタラメと言っていいほどのひどいものでした。

建設されるオリンピック関係の施設は、恒設施設と仮設施設に分類されています。このうち恒設施設は、ずっと東京都の施設として使われるので、東京都が建設費を出す、オリンピックのときだけ使う仮設施設は組織委員会が造り、オリンピックが終われば取り壊す、というのが基本的な線引きですが、だからといって、せっかく造ったものをなんでもかんでも、終わったら「はい壊しましょう」でいいのか、と私は疑問を持ちました。ビーチバレーの会場や馬術の馬場を新たに造ってすぐに取り壊す、みたいなことをしていたら、組織委員会にいくら金があっても足りません。

それに、立候補ファイルの計画では、組織委員会は二千八百億円で施設を造ることになっていますが、この金額は、立候補ファイルの組織委員会の全予算に匹敵します。これでは運営費が出てきません。

組織委員会の歳入は決まっています。今、電通が代行してスポンサーを集めているけれども、そのスポンサーから入ってくる金の目標は三千億円です。他にIOCから回ってくるお金が約一千億円、グッズやチケットの代金が約一千億円で、だいたい五千億円が歳入の限度です。

だから、その範囲内でやりくりしないといけません。組織委員会は公益財団法人の資格を持っていますが、それは税金の対象にならないようにしてもらっているだけで、実質は民間会社です。オリンピックが終わったら直ちに解散します。解散するということは、借金を残せないということです。「借金は東京都か国が払ってください」と言って逃げればいい、と思っている人もいるかもしれませんが、そんな無責任なことは、私はしたくありません。

だから私は、これだけ金のことをうるさく言っているのです。政治家出身である私が予算を「切れ、切れ」と言うのは、本当はおかしいのですが、どう見てもおかしなことがまかり通っている現状を、このままにしておくわけにはいきません。

これから、かなりの経費がかかるようになります。

例えばオリンピック・レーンを考えてみてください。これまでの計画では、大会期間中に選手と関係者（二万人）、審判・技術員（四千人）、メディア関係者（二万人）、大会スタッフ（十五万人）、観客（約八百五十万人）などを移動させる、専用輸送システムを作ることになっています。輸送センターで直接運営する車輛だけでも約六千台が必要とされ、各オリンピック会場を結ぶために、高速道路の半分を専用レーンとして借り上げる予定です。

外国の高速道路はほとんどが片側三車線、四車線で、そのうちの一車線を、オリンピックの際の専用レーンにしています。前回のブラジルのリオでもそうでした。しかし、東京の首都高速道路などは二車線です。一本を閉鎖したら、どういう状況になるでしょうか。

前回の東京五輪のときは、高速道路の運営は公団でしたから、国の命令で道路の半分を提供させることもできたでしょうが、今は民間会社ですから、オリンピック・レーンのために交通量が減り売り上げが減った、その分は補償してくれ、と言われたら、応じざるを得なくなります。

道路だけではありません。例えば、武道館は柔道と空手の会場になります。武道館は非常に協力的で、オリンピックのための改修工事を始めることになりました。その改修の経費については、話し合いの結果、国、東京都、組織委員会、武道館の四者で分担して出すことになりました。この点は非常にうまく行きました。

しかし、例えばあそこで、ＡＫＢ48とかポール・マッカートニーとか「嵐」とかのコンサートがやれなかったために欠損が出た、入ってくるべき金が入らなかった、補償してくれ、と言われたときに、どこで出すのかという問題になります。

あるいは、千葉の幕張メッセに、テコンドーとフェンシングとレスリングの三つの競技の会場を持っていくことになりましたが、それには観客用のスタンドを造らなければなりません。メッセは千葉県の公社が持っているのですが、では、そのスタンドはどこが金を出して造るのか。本来、施設は東京都が造るべきものです。

野球とソフトボールが今回、競技種目に復活しましたが、仮に東京ドームを会場にしようとすると、例えば巨人戦を二週間止めたときの補償を、組織委員会の運営費から出さなければならなくなる恐れがあります。結局、東京ドームは高くつくので、復興支援の意味からも開幕戦は福島県で行ない、その他の試合はすべて横浜スタジアムを会場にすることになりました。

ボランティアが九万人必要

ボランティアの手当ても、考えてみると大変です。ロンドンオリンピックの例にならうと約九万人必要で、それだけの人をこれから募集しなければなりません。さらに、全員に語学教育を施す必要があります。それで、スウェーデン創業の日本法人と語学教育の契約をしました。この会社がソチ、北京、平昌《ピョンチャン》、リオのボランティアの語学教育を担当しました。九万人のボランティアだけではなく、いずれ七千人くらいに増える組織委員会の職員のみなさんにも、英語教育をするかフランス語教育をするか決めて、教育してもらいます。パラリンピックのボランティアは、語学だけでなく介護技術も必要で、その教育もしなければなりません。

問題は、この九万人の人たちを雇うわけにはいかないことです。あくまでもボランティアとして手伝ってもらわなければなりません。ロンドンオリンピックでも、ボランティアには飛行機代も電車賃もホテル代も一切出していません。彼らに出すのは、ボランティアに携わっているときの食事代だけです。ですから、本当にやりたいと思っている人に来てもらわないと困ります。組織委員会としては、その人たちに名誉を与えるために、金バッジみたいなものをあげたらどうかとか、制服を着てもらったらどうかとか、今、考えているところです。

ただ、そこをついて、東京新聞がおかしな記事を書きました。スポンサーから百億円、二百億円といっぱい金を集めていながら、ボランティアに頼るとは何事か、初めから賃金を払って雇えばいいではないか、というのです。

この機会に、ボランティア精神というものを涵養《かんよう》するのは大事なことであって、見当違いも甚だしい。ボランティアに誇りを持ち、語学も身につけ、オリンピックが終わってから国際的な活躍をする青年が出てくるというのは、有意義なことです。タダで人を集めて、「はい、これをやって」というのではありません。

結局は東京新聞も謝りに来ましたが、こういう不勉強な記者がいるということに驚いています。そういう記事を、よく恥ずかしげもなくデスクが出させたものです。デスクだの部長だのという人たちは、ろくに記事を見ていないのでしょうか。

ボランティアの募集も九万人となると大変で、今、八百校くらいの大学等と連携し、契約しています。困るのは、企業に勤めているような人の扱いです。ボランティアをやりたいという人が出て来たとき、会社を休んでいいのか、といった問題が出てきます。

ボランティアをどう扱うのかというのは、なかなか難しい課題です。

無報酬の調整役として

ほかにも、いろいろなゴタゴタが起きます。例えば、私の耳には全然入っていなかったのですが、幕張メッセの競技会場をレスリング、フェンシング、テコンドーでどう割り振るかをめぐって揉め、あとから日本レスリング協会の会長からこう言われました。

「一体どういうことですか。我々レスリングをバカにしていませんか。この三種の中では一番メダルが取れる、人気がある競技なのですよ。本当は武道館でやるべきだったのに、あそこには柔道だけでなく空手も入るというから、我々は遠慮して幕張に移ったのです。それなのに今度は、その幕張での場所も変われと言う。言いにくいけれど、我々よりは人気もないようなフェンシングを真ん中へ持ってきて、我々は脇へ行けと言うのです。そんな話がありますか」

私の耳にも入れずに、何をバカなことをやっているのでしょう。しかし、バカバカしいことだけれども、こういった問題もゴタゴタが始まると役人では捌《さば》けません。

今、一番大変であり大事なのは、東京都と国と組織委員会の三者の、役割分担・業務分担の見直しです。どこまで東京都と組織委員会が負担し、どこまで国が金を出すのかということを、検討し直さなければなりません。東京都は地方交付税の不交付団体だから、東京都に国の金を出すわけにはいきませんが、千葉、埼玉、神奈川、静岡の近県に対しては、何か出す方法はないだろうかということで、去年の春から、当時の遠藤オリンピック担当相、舛添都知事、それと私とで合意をして、役割分担の見直しを始めました。事務方のトップは、政府から古谷（一之《かずゆき》）官房副長官補、組織委員会からは武藤事務総長、東京都からは安藤（立美）副知事が出て、その下でワーキンググループが作業を始めていたのです。

この見直しの決断は、東京都にとっては大変なことです。組織委員会に押し付けていた費用をかぶらざるを得なくなるからです。本当なら絶対に渋るところを、舛添前知事は「見直しはやりましょう」とピシッと決めてくださいました。こうしてやっと動き出したところで、舛添さんが辞任することになり、知事が小池さんに代わって、せっかくの見直しの相談が頓挫してしまいました（その後の経緯については後述します）。

いずれにせよ、こういう調整は私でなければできない、と思っています。私は自分で官邸へも行きますし、官房長官とも相談ができます。舛添さんとも、東京都議会の人たちとも、誰とも話がちゃんとできる、と思っています。

私は、スポーツができるからここ（組織委員会）へ来ているのではありません。ややこしいこと、よろずの雑務を収め、調整していくのが、私の役割みたいなものです。私はそれでいいと思っています。こうやって費用を節約し、それをみんなが喜んでくれて、その結果、いいオリンピックができれば私も本望、というふうに思っています。

前にも記したように、私は会長職を、一切給料を貰わずにやることにしました。規定によると、年間二千万円くらい貰えるようですが、家内も「そんなものは貰わないほうが、かえってやりやすくていい」と言います。それで、強がりでも何でもなく、自分なりの奉仕の気持ちでこの仕事を始めたのです。

そして、スタートのところから、経費の削減だけは絶対にやらなければならないと、けっこう思い切って手を打ちました。そうこうしているうちに、二〇一五年の三月に肺ガンが見つかり、「ああ、これでもう本当に駄目だなあ」と思いました。それで、私が辞めたらどうするかという案をいくつか考えました。その案は、袋綴じにして書き残しておきたいくらいです。

それにしても、私の足を引っ張ろうとする人たちがずいぶんいます。心ない若い人たちの中には、悪意を持って面白おかしく、まるで芸能関係のゴシップネタか何かみたいな扱いで私を誹謗中傷する人もいます。これは非常に不愉快なことです。

ロンドンオリンピック組織委員会の会長は、陸上の金メダリスト、セバスチャン・コーでした。彼が私のところに挨拶に来たとき、私が冗談で「あなたがロンドンオリンピックを大成功させ、しかも非常に有能な方だという評判なので、比較されて私は、やりにくくて困っているのです」と言ったら、コーが面白いことを言いました。

「いや、ミスター・モリ、こういうものには段階があるのです」

最初はワーッと盛り上がるのだが、だんだん冷めてくる。一番最初に白々しいことをマスコミが言い出し、それにつれて国民も言い出す。そのうちに、何があっても、みんな組織委員会が悪いからだ、という話になる。それから、オリンピックがなければこんなことにはならないのに、と必ず言われる。その次には政治までが、何か問題が起こると、これもオリンピックのせいだとなる。たしかに、安倍政権の人気が落ちたときも、国立競技場建設やエンブレム選定の問題で落ちたかのように言われました。

「しかし、ミスター・モリ、そういうものだと思って言わせておけばいいのです。淡々とおやりなさい。オリンピックが目の前になってくると、自然に盛り上がってきて大成功します。成功したらどういう現象が起きるかというと、文句ばっかり言っていたやつが一番先に、あれは俺が言ったからだとか、俺がやったからだとか言い出して、みんなが手柄を自分のものにします。そういうものですよ」

こう言って、大笑いしていました。

セバスチャン・コーはすごいすごいと評判だけれども、絶対セバスチャン・コーより私のほうがすごいことがあります。彼は年間六千万円だか八千万円だかを貰っていたそうです。それに引き換え日本の組織委員会会長は、一円も貰っていないどころか、飯代も自分、車代も自分、運転手も自分で雇っています。

しかし、一方では病気のことがあります。今でこそちょっと元気を取り戻したけれども、あとから医者に「本当は余命一年だった」と言われたから、今頃はダウンしていても不思議はなかった。それを思うと、これだけ多くの関係者の間を交渉して回り、問題を仕切り、いろんな国を駆けずり回ったことがこのまま埋もれる一方で、成功して「よかった」「よかった」で済まされるのは、ちょっと頭に来るし、今後の日本のためにもよくない。

それで、「やっぱりこの際、言っておこう、これは遺言だ」という思いがしてきました。

新聞・週刊誌その他のゆえなき誹謗中傷に反論しておくのも、日本の最近の風潮への戒めということがあります。誰かがはっきり言っておかなければいけないと思います。

この反論については、第四章以降でまとめて申し上げましょう。

リオオリンピックの印象

リオオリンピックは、開会式は出ましたが、IOCの総会に出るのが目的だったので、女子ラグビーをちょっと観ただけで帰りました。「危ないので、あっちこっち歩かないでください」と言われ、総会の会議場とホテルを行ったり来たりしただけで、ホテルの前のビーチすら一度も行けませんでした。

全体的に言えば、初めての南米大陸での開催ということで、一応成功した、と言わざるを得ないのでしょうけれども、すべてが異例だったようです。

例えば、開会式に大統領も閣僚も一人も出てこないし、街の中にオリンピックの旗が一本も立っていません。オリンピック村と称される一帯でも、何の表示もないので、何の競技がどの会場で行なわれるのかわかりません。観客にしても、地元の人がどれだけ入ったのでしょうか。ほとんどが選手団及び関係者、そして海外のお客さんとメディアだったようで、あれだけ空席のあるオリンピックは珍しいのではないでしょうか。満員になったのはサッカーの決勝だけでしょう。

リオ全体がオリンピックで沸いている感じは、まったくなかった。治安やジカ熱の問題があるうえに、政治体制が不安定で、何が起こるかわからない不安がありました。リオの街は綺麗でビーチもあるけれども、山のほうには貧民街があって、そこから泥棒や強盗が出たりするそうです。それを政府も市もほとんど押さえきれない。そういう状況下で、大きな事件もなく、よくやったと言えばよくやった。ただ、総決算がどうなるのか、赤字になるとしたらどのくらいのものになるのか心配です。

じつは今、我々も赤字にしないようにするにはどうしたらいいか、頭を痛めています。チケット代は開催国に入ってくるのですが、あとは入ってきません。テレビ放送権は完全にアメリカに取られています。スポンサーについては、こちらで取れるものは取りますが、十二、三ほどある世界的なビッグ・スポンサーは全部、ＩＯＣと直接契約をしています。

また、チケットについては、ＩＯＣや参加各国に割り振りがあります。それぞれの国の分がどれだけ売れ、どれだけ回収できるのかというのは、まったく我々の知るところではないわけです。もちろん開催国の分は、自分の国ですからわかりますし、それが頼りですが、リオの場合、あれだけ空席が目立つと、赤字はまぬかれないでしょう。

小池都知事が足を引っ張る

オリンピックは難しい。四年に一度とはいうけれども、その中間に冬季オリンピックが開催されるので二年に一度あるわけで、時間的にきびしいのです。私も、会長職を引き受けたとき、「あと六年もある」などと思っていたけれども、入口のベースの部分がやっとできてきたところで知事が次々と代わり、今度の小池都知事は、土壌汚染の懸念が払拭されないから築地市場の移転を遅らせる、と言い出しました。その後、移転先の豊洲の建物に盛り土がなされていなかった事実が発覚し、移転の時期はいよいよ不透明となり、さらに二〇一六年十一月十八日には、豊洲への移転は、仮にできたとしても、早くて今年末以降になる、と小池都知事が言明して、その結果、築地市場を駐車場にする件、及び選手村と国立競技場を結ぶ道路は、オリンピックまでには実現できない見通しとなりました。

私は、東京都中央御売市場が安全でいいものであってほしいし、知事が都政をどう変えようと、とやかく言いません。しかし、オリンピック期間中、バスを三千台ほど停めるスペースが必要なので、築地市場が立ち退いた跡をとりあえず簡易舗装し、その駐車場にあてる予定だったのです。目の前に選手村ができますが、その選手村と国立競技場を結ぶ道路、環状二号線は、築地市場が移転することで貫通し、選手村と国立競技場を十分ほどで結ぶはずでした。しかし、それが間に合わないとなると、選手村への輸送を根本的に変えなければなりません。その道を使わないと言うのなら、「東京都が主催されることだから、どうぞ都でほかの道をお考えください」と言うしかありませんが、それによってまた経費が嵩みます。計画が前へ進みません。

築地市場の跡地を駐車場にできないのですから、三千台くらいのバスが常駐できるだけの、広大な駐車場を別に造らなければなりません。バスには運転手さんたちもいて、それだけの人が近所にトイレを借りに行くわけにはいかないので、上下水道も完備しなければなりません。休憩室も必要でしょう。だから、たんに広場があればいい、というものでもないのです。さらに、今は何をやるにしても環境問題が非常に難しい。周辺の住民の了解もとりつけなくてはなりません。たとえば、前回のオリンピックのときにできた駒沢オリンピック公園に、立派なグラウンドがありますが、ナイター設備がついていない。なぜかというと、多くの住民の皆さんが「NO」と言うのです。こういう時代だから、ナイターでサッカーをやりたいといった要望はあるのだけれども、絶対に住民の方々が認めてくれない。これと同じようなことが、築地を代替する駐車場でも起こりうるわけです。

駐車場が用意されていないと、困った事態が生じます。国立競技場での開会式に、役員や選手や内外からのお客さんがやってくると、バスも千台くらいは集結することになるでしょうが、あのあたりにそれだけのバスを止めるところはありません。だから、少なくとも競技場まで十分か二十分で行ける駐車場の確保を、東京都で考えてください、と申し上げているのです。

そういうことまで、小池知事は頭に描いておられたのでしょうか。小池さんは選挙でいろいろなことを言っていましたが、基本的には「オリンピックは成功させましょう」と言っておられる。そうおっしゃるのなら、道路や駐車場はどうするのでしょうか。

選挙中から「組織委員会はまるで伏魔殿のようだ」みたいなことを言っていましたが、どこまでわかっていたのでしょうか。そもそも私たちは、IOCと東京都の契約に基づいて、東京都が本来やるべき仕事を代行しているのです。ラグビーW杯もそうですけれど、開催地が直接実行してはいけないことになっています。だから組織委員会を作り、組織委員会が代わって準備をするのです。準備、会場の設営、運営、輸送などありとあらゆるソフト部門は全部、組織委員会が受け持つわけですから、本来ならば、東京都から「お願いします」と頭を下げてもらわないといけない。それなのに伏魔殿などと言うのは、若狭（勝《まさる》）衆議院議員をはじめとした彼女の取り巻きたちが、いろいろなことを吹き込んだからでしょう。

小池さんがどうもよくわかっていらっしゃらなかったようなので、都知事になられて最初に挨拶に来られたときに、「よく勉強してください」と申し上げたけれども、その後も勉強をされておられなかったようです。都の副知事なり担当者に聞く、ということをやっていなかった。ご下問も何もまったくなかったそうです。私がリオオリンピックの開会式から戻り、調整会議（丸川珠代オリンピック担当大臣、松野博一文科大臣、鳥原光憲《みつのり》日本パラリンピック委員会会長、竹田JOC会長、小池知事、それに組織委員会から私が出席）が開かれたときも、小池都知事は相変わらず全然わかっていないようでした。取り巻きの人たちの言うことや、オリンピックにケチをつけるメディアの言うことだけを、頭に置いてやっておられたのでしょう。

それで約四十五分話したとき、こちらもケンカをするのが目的ではないし、少し下手に出て、大事なことだけ申し上げました（このときの話は第五章で詳述します）。

特に役割分担についての話です。繰り返しになりますが、施設は恒設のものと仮設のものに分かれていて、恒設というのは、東京都民がその後も利用できるのだから東京都の税金を使ってやってもいい、仮設は終わったら取り壊すということだから組織委員会だ、あとは既存の施設を使う、ということになっています。しかし、仮設にしても全部テントというわけにはいかないし、客席も造るから、それなりに金がかかります。既存の施設にしても、そのままでは使えません。スタンドをあと三千人分増やせとか、一万人分の席を造れ、ということになります。それらの費用は組織委員会で負担してくれ、ということになっていますが、組織委員会に充てられている金額をトータルしてみると、二千八百億円くらいになる。しかしそれでは、「立候補ファイル」における組織委員会全体の予算は三千億円なので、あとの二、三百億円で運営費から何から全部賄わなければならなくなります。このままでは結局、組織委員会に膨大な借金が残る。オリンピック後に組織委は解散するので、それは都の借金になりますが、それでいいのですか。今のうちに工夫して役割分担・業務分担を見直しておいたほうが、知恵のあるやり方ではないですか、ということを申し上げたわけです。

そのほかにも、組織委員会の職員は今、七百人ほどですが、最終的には七千人くらいに膨れ上がります。その費用はどうするのか。それから、サイバー攻撃対策、テロ・セキュリティ対策の費用はどうするのか。運送費用はどうするのか。オリンピック・レーンはどうするのか。施設の休業補償はどうするのか。他県の施設の改装費はどうするのか。こういった問題が山積です。

ところが、都知事の交替で役割分担・業務分担の話し合いが止まってしまいました。早く結論を出さないと、せっかく会場を引き受けてくれた他県が、返上を言い出すかもしれません。それと、年末の予算編成に、ある程度間に合わせなければなりません。予算が組まれなければ、何の準備にもとりかかれません。それなのに、「都の改革をやるので、その結論が出るまで何もやらせません」みたいなことを小池さんはおっしゃった。これでは邪魔をしているとしか思えません。

基礎的知識を得ようともせずに、「金が膨らんできたものだから、森はその金を東京都に押しつけようとしている」などとおっしゃった。選挙中も受けを狙って、「一兆、二兆、三兆なんて、お豆腐屋さんじゃあるまいし」などと、組織委員会をおちょくりました。

東京都の施設費用が高いことを、小池都知事は組織委員会の責任にしているけれども、それは「ためにする」、私を叩くための論です。東京都が計算して進めたことなのだから、そこに不正があるのかどうか自分たちで調べてみればいい。実際には私たちは、東京都の施設の費用を、膨らますどころか、当初の案よりも二千億円も削減したのです。

小池さんは「オリンピックは一生懸命やります」とおっしゃっているけれども、前に進める話はなく、批判ばかりしている。都民受けするパフォーマンスに明け暮れているだけです。「それでできるなら、どうぞおやりください」と申し上げるしかありません。

小池さんが都政改革本部とかいうものを作り、「組織委員会も対象にして監査をするので、ご協力をお願いします」と紙に書いて持ってきたので、私はこう答えました。

「あなたが、選挙で公約に訴えた都政改革をやるのは結構です。大いにやってください。しかし、そのことでオリンピックを改革するとか何とか、よけいなことは言わないでください。オリンピックは我々がきちんと準備をしてきており、そのために東京都の職員もここに入っているのです。それに、我々は東京都を代行しているのです。東京都の附属機関か何かのように考えて、監査するなどと失礼なことを言ってはいけません。何の権限を持って監査するというのですか」

ここは公益財団法人で、内閣府が認可をしています。東京都が認可をしたわけではない。ただ、出資金は東京都とＪＯＣが出しています。しかし、出資金を出しているからといって監査するわけにはいかないし、そこまでするなら、名誉のために我々は抵抗せざるを得なくなります。我々には東京都議も入っている理事会があり、幹事には東京都の局長も入っています。後ろ指を指されることは何もありません。

こういうふうに、ぎりぎりの時間で大事な協議をし、やっと本格的に動き出していたのに、いっこうに小池さんは理解をせず、全体の予算を見せろ、見せろ、とおっしゃった。

これはけっこうマスコミも言うのだけれど、全体の予算は簡単には組めないのです。わからないことが多過ぎるからです。テロ対策やサイバー対策など、セキュリティに関する費用は膨大なものです。これをみんなオリンピックの費用で賄うのか、ということです。このテロ横行時代においてセキュリティ対策は、オリンピックがあろうとなかろうと、国際都市を守るために国家としてやるべき仕事です。たまたまオリンピックがあるのでそれに使用させてもらう、ということであって、セキュリティ費用は、オリンピック予算ではなく、国の予算としてやってもらわなければいけません。

それから、くどいようだけど、道路、輸送、補償などに関わる費用も全部、組織委員会で賄うというのだったら、その数字はなかなか描けません。

それでも、組織委員会は去年の十二月、一兆六千億円から一兆八千億円という大枠の数字を示しました。ただし、何度も言っているように、我々が負担するのか、東京都が負担するのか、国が引き受けるのか、役割分担・業務分担の話にきちんとした結論を出さないと、予算の全容は出てきません。

ＪＯＣの反対論

私も安くするのは大賛成だから、やってもらいたいけれども、そう簡単にはいきません。オリンピックの開催権は東京が得たけれども、だからといって、好きなように競技をやっていいというわけではありません。それぞれの競技の実施については、ＮＦ（ナショナル・フェデレーション）という日本のそれぞれの競技連盟、例えば日本陸上競技連盟、日本サッカー協会、日本ラグビーフットボール協会などと、その上の国際競技団体、ＩＦ（インターナショナル・フェデレーション）が協議し、日本のＮＦの案に合意して東京オリンピックに一票入れているわけです。ＩＯＣはそのＮＦとＩＦの話し合いを尊重します。

つまり、ヨット競技を例にとると、日本セーリング連盟と国際セーリング連盟がヨットマン同士で相談し、「東京にこういう施設を造れば、あなた方が来られても国際競技ができます」「そんないいものを造ってくれるのなら、我々は東京に一票投じよう」といった協議の末の約束で、オリンピックの構想はできているのです。それをＩＯＣがまとめるということです。

ですから、当初の原案を直すのは我々の仕事ですが、「こう直したい」と言ってIOCに話をすると、IOCは「どうぞNFとIFの了承を得てください。NFとIFが了承してくれたら、我々は結構です」と言います。

このために私たちは、二十八競技を全部洗って、どれだけこの交渉を行なってきたことか。ところが、そのときにいつも立ちはだかって邪魔をしたのがJOCでした。JOCは日本オリンピック委員会ですから、国際オリンピック委員会の日本支店ということです。だから彼らは、そこは自分たちのテリトリーだと思っていて、我々が直接IFと交渉することをすごく嫌います。何をやっても「それはダメだ」「これはダメだ」「それはIOCが絶対『うん』と言わない」と言って反対します。

私は会長に就任してから一年間、このことで悩まされました。初めのほうの話の繰り返しになりますが、私は初めてオリンピックとパラリンピックの組織委員会を一緒にしました。しかし、これにJOC内で反対論があったそうです。彼らは、口に出して言えないだけで、「そんなことはIOCが絶対認めないから」と判断したようです。

私は、「俺は浅野内匠頭《たくみのかみ》か？」と言ったことがあるくらい、吉良上野介《こうずけのすけ》みたいなものにいじめられていました。何をやるにしても、直前まで言わないのです。大事な会議があっても知らせてくれない。それで、IOCから直接「森会長、こういう会議があって、開催地の組織委員会は出なければいけないのですが、出席の返事がありません。どうなっているのですか？　返事が欲しい」と問い合わせが来て、「それは何だ？」と驚くことになるわけです。ＪＯＣがずっと情報を押さえて、私を会議に出させないようにし、知らん顔をして代わりに自分たちが出席するようにしていたのです。与《くみ》しやすしと見ていたのでしょう。そういうことがずいぶんありました。

そういうわけで、小池都知事が「安くします」と口で言うのは簡単だけれど、「あなたがやれるというなら、やってください」と申し上げました。

小池都知事はそういうことも知らずに、「組織委員会が密室で一方的にことを決め、金額をどんどん膨らませている」みたいなことをおっしゃっていたけれども、主催者、責任者は東京都なのです。ただ、何度も言うように、ＩＯＣと主催地との契約があり、必ず組織委員会という別法人を作って実行を委託することになっていて、その別法人は東京都の系列の団体であってはいけないのです。だから、内閣府が認可している。しかし実際には、この組織には約四割、東京都の職員が入っていて、東京都に背いたことをやっているわけではありません。幹部もほとんどは東京都の人間です。ですから、小池さんにこう申し上げました。

「あなたは、私たちが何か一方的なことをやっているみたいにおっしゃっているが、それはじつは自分の部下に唾を吐いているようなものなんですよ」

そうしたら、答えは「あら、そーお？」。何か言うと「あら、そーお？」。「あら、そーお」で済む問題ではありません。

問題だらけの調査チーム中間報告

二〇一六年九月二十九日、都政改革本部の「東京オリンピック・パラリンピック調査チーム」（統轄：上山信一慶應義塾大学教授）が、東京オリンピックの経費や体制を検証した、とする中間報告を公表しました。

まず問いたいのは、この調査チームにどんな法的な資格があったのか、ということです。知事になった小池さんが、十数人から成る私的な顧問団を勝手に東京都の特別顧問に決め、その人たちが調査チームを結成したのであり、議会の承認を得たような存在ではありません。とすると、果たしてこのチームは、法的にどういう立場だったのでしょうか。もちろん都の問題であり、我々がとやかく言うことではありませんが、そういう法的に曖昧な立場の人たちが、自分たちの都合や考え方だけでオリンピックの問題を論じ、国民や都民にアピールしたということには、きわめて疑問を感じざるを得ません。

彼らは、大きく三つほど「問題点」なるものを発表しました。

一つ目として、今のままでは開催費用が三兆円を超える可能性がある、と言いました。

この三兆円という数字は、そもそも誰が言い出したのでしょうか。じつは小池さんが知事選挙のときに、「一兆、二兆、三兆なんて、お豆腐屋さんじゃあるまいし」と、いかにも世間受けする選挙用のセリフに使ったのです。その根拠は、私が比較的に早い時期に、「全体として二兆円ほどかかることになるかもしれない」と言ったことにあるようです。しかし、その私の発言にしたって、都の費用として二兆円かかる、という意味で言ったのではありません。一度もそんなことは言っていません。それは、国が関わるべきさまざまな費用まで含めると、全体的に二兆円くらいかかるかもしれない、ということです。詳しい話はあとから述べますが、ロンドンオリンピックは二兆円以上かかっているし、ソチに至っては五兆円もかかっています。こういう総体的な費用を考えてそう言ったまでで、我々はそういう額にならないようにしようと思って、さまざまな節約の努力をしてきました。

ところがこのチームは、あたかもなんらかの根拠があるかのように、勝手に「組織委員会にこのまま任せていたら、オリンピックに三兆円かかってしまう」と主張し、国民の目をその数字に向けました。わざと高く言いふらし、みんなを驚かせたところで、そこから何百億円かでも安くすれば、その削減分はまるで知事らの「手柄」であるかのようになります。しかし、そもそも三兆円という数字に根拠はないのです。三兆円を声高に叫んでいるのは小池知事と上山氏だけで、今まで舛添前知事が推測を述べたことはあったが、オリンピックに三兆円かかると公式に言った人は誰もいません。事実、前にも記したように、同年十二月に組織委員会が明らかにした予算は、一兆六千億円から一兆八千億円というものです。オリンピックの真面目な議論に、こういうパフォーマンス・ファーストの選挙の手法のようなものを持ち込んでいることが、彼らの最大の過ちです。

誤解されている方が多いようですが、組織委員会は、施設を発注したり建築したりするところではありません。ですから、建設費を無駄遣いしているのではないか、何か不正が行なわれているのではないか、と言われたら、どうぞお調べください、と言うしかありません。もともとそういう組織ではないのです。ただし、立候補ファイルには一部、「仮設の施設は組織委員会の責任で造る」と書かれています。この仮設施設の建設については、役割分担・業務分担の見直しの際に、ぜひ問題にしたいと思っています。

立候補ファイルで七千億円だったものが、いっぺんに膨れ上がったと言われていますが、それは最初の案がまったくいい加減で、ずさんな、安く見せかける案だったからです。IOCは安く提案しないと通らない、高いと他の国と比較されて負けてしまう、と言われ、金額をできるだけ低く抑えようとしたのです。当時ＩＯＣは、いいものを造れという反面、金をかけず抑えろという、ブレーキとアクセルを両方踏むようなことを言っていました。責任は当時の猪瀬知事にあり、当時の副知事や都の関係者は、当然それに加わっています。ＩＯＣの意向を聞いてアドヴァイスをしたのが、ＪＯＣの竹田会長や当時の水野副会長でした。東京にオリンピックを持ってくることが決まったら、あとは膨らませてもいいんだ、みたいな感覚だったのでしょう。その無理が今、いろいろな形で出て来ています。このずさんな数字を元に、マスコミは費用が膨大に膨れ上がったと批判しているわけです。

誘致の段階で猪瀬元都知事は、何度かおおやけに「東京都の金庫には現金で四千億円あります」と言いました。私は、果たしてその四千億円で開催できるのか、と心配していました。

その上、東北で大震災が起こり、工事費も人件費も上がっていました。政府も、公共事業は当初の見積もりよりも三割アップする現実を認めていました。

私が組織委員会の会長に就任したのは、正式に都知事が舛添さんに決まる前の空白のときでしたが、こうしたことを勘案して、このときにすでに私は立候補ファイルの見直しに着手しました。前にも言いましたが、かなり思い切ったことをして削り、トータルで言うと、当時東京都の施設費だけで約二千億円減額させました。東京都でやるべき施設を東京に求めず、新しいものを造らなくていいように、埼玉、千葉、神奈川、静岡の近郊四県の既存の施設に置き換えました。

しかし、これについてはかなりの抵抗がありました。何度も言うように、施設を決めるのは、日本陸上競技連盟や日本サッカー協会といったNF（ナショナル・フェデレーション：国内競技団体）と、各競技のIF（インターナショナル・フェデレーション：国際競技団体）だからです。NFとIFが話し合い、かなりの無理を言ってきます。彼らからすれば、自分たちの理想のものを造りたい、競技場をレガシー（遺産）として残したいのです。前にお話ししたヨットなどがいい例です。

無理を通させずに削るのは大変で、かなりの抵抗を受けたけれども、IFとNFをまとめないことにはIOCはうんと言いません。私自身が外国に飛んだり、向こうから来てもらったりと、並大抵のことではなかったけれども、ともかくそれで二千億円削りました。そこに舛添知事が登場してこられたので、舛添さんの手柄話にしていただいたのです。なぜなら、削ったのは都の施設だったからです。世間では、二千億円削らせたと舛添さんが評価されているようですが、じつは、もとは私たち組織委員会ですべてやったことです。

前にも述べたように、私は以前、「今のところは一兆数千億円で予算を組んでいるけれども、二兆円くらいかかることになるかもしれない」と言ったことがあります。なぜそう言ったかというと、オリンピックの経費としてカウントできないものや、現時点で計算の立たないものもあるからなのです。

例えばテロ対策があります。こうしたセキュリティの問題は、オリンピックがあろうとなかろうと、今の国際情勢では、どんな国であれ、国が責任をもって当たらなければなりません。現にフランスでもアメリカでも、頻繁にテロが起きています。二〇二〇年の東京オリンピックでＩＳなどによるテロやサイバーテロが起きないように、しっかり対策を立てなければならない。これは組織委員会や都の仕事ではなく、国の仕事です。今、国も懸命に取り組んでいるようですが、その費用がいくらかかるかわかりません。それはこれから政府と話し合っていかなければならないことです。

調査チームは、そういう点も勘案して金額の問題を言うべきです。まず初めに三兆円ありきで、こんな膨大なお金がかかる、元からこんなに膨れ上がった、と批判するのはお門違いです。

実際の立候補ファイルの数字を見てください。ロンドンは組織委員会とロンドン市・国の負担を合わせて八千億円で、これは今回の東京の七千億円とそう違いがありません。

ところが、実績の数字で見ると、ロンドンは二兆一千億円で、立候補ファイルから一兆三千億円も増えています。どこが違っているのかというと、会場整備関係のハードの費用も増えていますが、なにより大会運営のソフトの費用が新たに九千五百億円も生じている。このお金は何かというと、セキュリティや輸送費などの行政経費なのです。これは東京の立候補ファイルでもカウントされていません。この費用が仮に一兆円だとすれば、東京も一兆七千億円になります。

繰り返しますが、このセキュリティや輸送費などの行政経費は、国が賄うべきものです。だからロンドンでは、政府とロンドン市が出した。会場整備も含め、政府とロンドン市の負担金は一兆七千億円です。一方、東京の立候補ファイルでは、国と東京都の負担金は、セキュリティは八十八億円、輸送費はわずか七億円です。これはまさに、ごまかしの数字です。

都だけで勝手にはできない

調査チームが指摘した「問題点」の二つ目は、ガバナンス（統治）の不在ということでした。彼らは、会社に譬えると社長、財務部長が不在、関係組織の代表者が集まる調整会議も議長不在で、誰が全体を統括しているのか不明確、全貌を把握している人間もいない、と言いました。

しかし、これは的外れの話で、そういう人間がいることのほうがおかしいのです。組織委員会というのは、ここまで何度も述べてきたように、関係団体相互の調整役の機能を果たしています。五輪の関連団体というのは、国からは文部科学省とオリンピック担当相、それに東京都、ＪＯＣ、ＪＰＣ（日本パラリンピック委員会）で、この各団体に私ども組織委員会が、全体を横串に刺すような格好で関わっています。

私たちは各団体の権限が、絶対に私たちより強くならないよう心がけてきました。各団体が独断でことを進めないようにしよう、勝手なことをさせないようにしよう、誰かに権限を振るわせないようにしよう、お互いに協力し合い、話し合っていこう、というわけです。重要な案件については調整会議で了解を得ます。それぞれのトップが出て来て、了解し合う。あるいは意見を聞く。調整会議というのは、そうやって円満にものごとを進めていくための仕組みです。あえて言うなら、みんなの上に立つのはＩＯＣのバッハ会長であって、六つの団体の誰かが長になるとか、誰かが金を出すというものではありません。

都には知事がおり、ＪＯＣには会長がおり、国は文部科学大臣のほか担当の大臣まで置いてものごとが決められていくわけで、けっして社長や財務部長がいないから無責任だ、などという指摘を受けるいわれはありません。どこか一つの団体がみんなの上に立ってしまったら、そこの権力が強まって、その他はみな下部機構というか、部下にならなければなりませんが、もしそういうことになったら、ある機関には理事会があり、都には議会がありと、それぞれチェック機能が働いているわけですから、ある意味で新たに、しばりをかける法的な措置が必要になってきます。調査チームの報告は、そういうこともまったく知らない、世間受けを狙ったきわめて無責任なものだったと言えるでしょう。

結局、調査チームの報告から見えてくるのは、組織委員会を東京都の下部機構、あるいは監理団体にしたい、都が上に立ちたい、という狙いだと思います。前にも言ったように、この調査チームは知事の肝煎りの諮問機関で、それを知事の権限で都の顧問にしてある。ですからこの報告は、小池さんに権力を集中させることが目的だった、と言ってもいいのかもしれません。

ところが、彼らもその後、調べてみて、実際には組織委員会を監理団体にするのは無理だとわかってきたようです。何度も言うように、組織委員会というのは公益財団法人で、その認可は内閣府、つまり国から受けているのであって、都の許可団体ではないのです。たしかに都の職員が四割くらい出向で来ていますが、その他に国家公務員も、他の地方自治体の職員も、民間の人たちもいます。そういう組織ですから、その人たちの出向元の意向も無視できません。都だけで勝手なことはできないわけです。

もともと組織委員会は、スタートするときの資本金がゼロだったので、運転資金もいるし、多少の給料も支払わなければいけないしで、ＪＯＣと体育協会から三億円、都からも五十七億円、資本金を出してもらっていました。これは銀行に供託をして、一円も使っていません。そのお金があったので銀行から融資が受けられ、この二年間やってこられたわけですが、おかげさまでスポンサー企業も増え、財政的には当初の資本金は、ほとんどお役目を終えました。それで、いつでも都にお返ししよう、都にお返しをするのが筋だ、と理事会で決定しました。小池さんは「もったいない精神」で仕事をおやりになるというのだから、五十七億円という大切な税金を銀行に預けておく必要はありません。小池さんが都民のためにお使いくださればいい。

無責任な「競技会場見直し」

調査チームが指摘した「問題点」の三つ目は、ボートとカヌー・スプリントの競技会場「海の森水上競技場」、水泳会場の「オリンピックアクアティクスセンター」、バレーボール会場の「有明アリーナ」は、建設中止なども含めた大幅な見直しをしよう、というものでした。

これも、国民や都民から注目を集めるためだけの無責任極まりない話でした。

競技会場の構想は、約二年をかけていろいろな意見を聞き、いろいろな条件を総合しながら作り上げたものです。それを急に外からやって来て、せっかく慎重に組み上げたものを、子供が足で蹴飛ばすみたいなやり方で崩してしまおうとした。こんなことでオリンピックの主催者である東京都は責任を持てるのか、というのが私の気持ちです。みんなで相談して決めたことを軽んじ、自分たちが考える、世間受けすることだけを主張して、「都民ファースト」という美名でつじつま合わせをしようとするのは、とんでもない話です。

施設建設に何百億円かかると言えば、都民はびっくりします。しかし、その金額は組織委員会が決めたのではなく、都が決めたことです。小池さんは当時の責任者ではないけれども、都が決めたことには間違いありません。都で見直しをして費用を安くするのは大いに結構ですが、アスリートの人たちの夢を壊したり、ＩＯＣやＩＦのみなさんの期待に応えられないようでは、東京オリンピックの成功はありえない、と私は思います。

各競技の会場をどこにするかは、我々もずっと議論を積み重ねてきたのです。

例えば、ボート会場については、一九六四年の東京五輪で使った戸田が使えないのか調べました。ところが今は、幅百メートル、長さ二千メートルという条件があって、戸田では長さはともかく幅が足りない。すこし堤防を広げてみたらどうかという話もありましたが、川岸にはずらりとマンションが建っています。マンションの立ち退きをするだけで二千億円かかると言うので、ここはダメだという結論になりました。

報告にあった宮城県登米《とめ》市の長沼ボート場も、当時候補に挙がりました。それだけのコースがとれる川や湖は、日本ではここくらいしかないのです。その他、岐阜県の長良川国際レガッタコースとか千葉県の印旛沼なども候補の対象になったのですが、みんな条件が悪い。だから、長沼にしようか、と当時我々も考えたけれども、東京から三百五十キロも離れていて、選手村がもう一ついる。原則、選手村は一つなのです。分村してはいけない、二つ造ってはいけないことになっています。それに、そうすればそれだけの経費がかかる。

ボート競技は、実際は八十億円くらいの費用で済むのですが、報告では、海の森公園は全体で四百九十一億円と書かれています。ここはもともとゴミを捨てて埋め立てたところで、当初、都が何年かの計画で公園として整備することになっていました。事業費は三百八十億円くらいだったと思います。その真ん中にある運河をボートレースに使えば、スタンドなどの設備だけ造ればいいから、九十億円くらいあれば済む、ということでここに決めました。全部をオリンピックの金で出せないから、そうしたわけです。なにも海の水でやらなくてもいいではないか、という意見もありました。私たちもそう思ったけれども、そこしか場所がなかったのです。

だけど、調査チームの報告は、「調査をした」とアピールし、何か答えを出さないといけないから、あえて海の森を取り上げて、「こういう無駄がある」という見直しのネタにしたのでしょう。

オリンピックは東京都が主催するのだし、都には金がない、派手なものではなく小さいバラックでいい、と言うのなら、それでも結構です。小池さんは、ブラジルでは簡単なテントを張ってやっていた、とおっしゃっていますが、東京都がそれでいいのなら、私のほうでいやだということはありません。しかし、ここまでの設備は、都がやると決め、場所も都がここにしたいと言い、建設予算も全部都が決めたことなので、その責任を我々に押し付けて「けしからん」と言うのは、まったく筋違いの話です。

それと、もう一つ大事なことは、重要なことなので何度も言いますが、仮設の建物だけは組織委員会の担当ということになっている、という点です。都で造る恒設というのは、恒常的に都民が使用するもの、組織委員会が造る仮設は簡単な造りでテントみたいなもの、と世間では受け止められているかもしれないけど、じつはそうではないのです。きちんとした建物を造っても、オリンピックのあとその土地を都が何かに使うことになっていて、ずっとそこに建物があっては困るので取り壊す、というものも、仮設ということになっています。前にも言ったビーチバレーなどはその典型です。

そういう仮設と恒設の定義付けは、じつにいい加減な線引きで猪瀬元知事らが決めました。だから、恒設であれ仮設であれ、建物は全部、都がやることにしてください、と私は言っているのです。その役割分担と業務の分担を、国を介在させてきちっと決めないと、結局、組織委員会に膨大な負債が残ります。

例えば、既存の施設の利用として、自転車の会場は東京都から静岡県に行き、バスケットボールの会場はさいたまスーパーアリーナに行きましたが、これにはスタンドをどうするのかという問題があります。あるいは、千葉の幕張メッセにレスリングとフェンシングとテコンドーを持って行くことにしましたが、幕張メッセは千葉県の建物で、あそこには通常はスタンドはありません。しかし、そこに一万二千から一万三千人のスタンドを造らなければならず、その経費はどこが出すのかという問題が出て来ています。

ヨットはやっとの思いで江の島に持って行ったのですが、江の島はすでにヨットの聖地になっていて、現在、一千隻くらい係留しています。オリンピックのときには、一時的にヨットをどこかに移さないといけませんが、それをどこに持って行くのか。また、ヨットの所有者は個人ですから、その経費は誰が出すのか。所有者が自分でカネを払って動かしてくれるということは、まず期待できません。神奈川県知事がその金は我々が出すのですか、と聞いて来ています。

そうした問題があるので、そのお金の問題を議論しましょうと、去年の春から国と都と組織委員会と文部科学省のスポーツ局が入って、議論を始めたところだったのに、舛添さんが辞任したことでストップし、また小池知事が誕生して、やっと今年に入って協議が再開されたところです。この半年の空白が、これからの作業にどう影響するのか気がかりです。

報告が主張するように、都ではやれない、他へ移せ、そのほうが安くできる、というのなら、そこにかかる費用は誰が払うのでしょうか。これは本来、都が払うべきでしょう。しかし、例えば千葉県にある施設にスタンドを造る費用は、地方税法上、都の税金からは出せません。その金をどうするのかという問題に結論は出ていないのです。そういう問題がいくつもあるというのに、そのことは棚上げにしたまま、ボートは宮城県に持って行きなさい、バレーボールは横浜アリーナを使いなさい、と言ったのですから、問題の重要性がわかっていなかったとしか思えません。

小池さんは約二百九十万票をもらって選挙に勝ち、その勢いで「都政改革だ、都民ファーストだ」と言ったから、聞こえがよくて、メディアはみんな応援をしました。中央卸売市場の豊洲への移転問題では、盛り土騒ぎで小池さんの株も上がったようです。その余勢をかって、もう一つの懸案のオリンピックをなんとかしたい、当然カネのかかる話ですから、カネのかかる話は潰してやろう、ということだったのでしょうが、じつはそれは表の話であって、組織委員会を自分の配下に入れよう、できれば私の首もはねたい、というのが本音だったのではないかと思います。

私は、都がイニシアチブを取ってオリンピックをやりたいのならやればいい、と思っています。しかし、無責任にやってはいけません。私たち組織委員会は、ＩＯＣと協力をしながらここまで進めてきて、国際的にもみなさんが納得し、評価をしてくれています。大事なことがらは理事会を通し、上の調整会議の了解も得ています。理事会の中には東京都の方もおられます。管理職も含め都から四割も職員が出向して来ており、すべて公開されていて、秘密など一つもありません。なおかつ、ＩＯＣの理事会も通り、総会で了承もされています。それを主催者側から「変えるんだ」と言うのはルール違反です。それでも、「お金がないのだからしょうがない」と言うのなら、そして都民がお望みなら、それも結構だと思います。しかし、選挙の争点の一時的なつじつま合わせのために、大事な東京五輪を台無しにしていいのか、という気持ちが私にはあります。

それで、組織委員会の理事会で、私はみなさんの前でこう申し上げました。

「オリンピックというのは素晴らしいものです。世界が平和でなければできません。今のように国連が必ずしもうまく機能しているわけではない混乱した国際情勢の中で、オリンピックのときだけはみんな一緒に仲良くやるのですから、オリンピックが平和のためにいかに大事か、というのは誰もがわかっています。この間のリオは、リオなりによくやったけれども、一番みんなが感動したのは、選手たちが頑張ったことです。そんなことを考えると、運営に責任を持たねばならない我々が、トラブルを抱えバトルをやって、オリンピックそのものを矮小化したり、おとしめたりしてはいけません。これが私の気持ちです」

私は自分が長い命だと思っていないから、なんとかオリンピックが成功してくれればいい、と思っているだけで、犠牲になることはなんらやぶさかではありません。しかし、オリンピックを軽蔑したり愚弄したりすることは、許されないことだし、国際的にも日本の信用が落ちて来ることにもなる。そのことを小池知事は考えなければならない。

小池知事は二〇一六年十月四日の都議会答弁で、一カ月後をめどに五輪施設移転問題の結論を出すと表明しました。その後、来日したＩＯＣのバッハ会長が都、国、組織委員会、ＩＯＣの四者協議を提案し、その協議の中で、会場移転問題は我々の原案通りに落ち着くことになるのですが、このことは最後の第五章で改めてお話しすることにします。

山積する問題

ところで、最近私は、オリンピック期間中は、平日を休日に振り替えたり、サマータイムを導入したりすることも考えたほうがいい、という趣旨の発言をしています。リオオリンピックが終わって、これから組織委員会も、いよいよソフトの問題に取り掛からなければならないわけですが、その一環として、いくつかの問題を議論していて、それらのことについても、世間に伝えておきたいと思うからです。

休日問題は道路の使用と関連しています。道路を使う競技と言えばマラソンが代表的ですが、幸いこれは、今の予定では土日に行なうことになっています。しかし、ウィークデーに道路を使う競技は、パラリンピックのロードレースなど、ほかにもいくつかあります。

自転車のロードレースもウィークデーが予定されていますが、そのコースは、皇居から武蔵野のほうまで行って、また帰ってくるルートで、使うのはたぶん甲州街道でしょう。一度走り抜けるだけなら、最後尾の選手が行ってしまえば、通行禁止を解除して自動車を走らせることができますが、また同じ道を帰ってくるわけですから、おそらく甲州街道は一日中通行止めにしなくてはなりません。しかし、警視庁は「そんなことはできない」と言っています。

トライアスロンは、レインボーブリッジを使うことになっています。レインボーブリッジは海の上を走る高速道路なので、そこを使うとなると、高速道路を止めなければならないうえに、もしも道路から落ちたら大変なことになります。それで警察は、「危ないからレインボーブリッジを使うのは止めてほしい」と言っています。しかし、日本のトライアスロンの協会と国際連盟は、どうしてもあそこを使いたいと言っています。格好のいいところでやりたいのでしょう。

ウィークデーに道路を競技に使用する問題を解決するには、その日を休日にするしか方法がありません。東京だけ休日にすることは、まったくできないというわけではありません。私が国会議員だった時代、私たちも休日法案というのを作ったことがあります。特別措置法で一年限りということでやればいい。でも、そういうことは国会で決めることで、国に働きかけなければならない問題です。それで私が、そろそろ提起しておこうと思ったのです。

先に先にと、すこしずつ出しておかないと、一年やそこらですぐ解決できる問題ではありません。私は昔、党で仕事をしていたから覚えているけれど、暦は簡単には変えられません。全国にカレンダー屋さんがありますが、ほとんどが零細企業です。カレンダーは大体三年くらい前から準備を始めるのだそうです。とすると、国会を通すのも時期を見計らってやらないと、二〇二〇年には間に合わないことになります。

サマータイムというのは、暑さ対策から来ています。東京オリンピックは七月二十四日から始まるのですが、この時期は猛暑の真っ盛りです。なぜそんな時期にやるんだ、とよく文句を言われるのですが、これは私が決めたのではなく、IOCと、当時の日本の関係者たちとで決めたことです。日本側には、夏休み期間中にやりたい、という気持ちがあったようです。しかし、八月十五日は戦没者慰霊の行事があって日本武道館を使わなければいけないから、十五日までには終わらせたい。かといって、あまり早くやると梅雨時で、ほとんどが雨天ということになる。そうしたことを勘案すると、二十四日にスタートするしかない、ということで決定されたようです。

では、暑さ対策をどうするか。今、パナソニックなどが、冷たい霧を出す装置だとか、陽に焼けないための何かだとか、いろいろと暑さ対策の研究開発をやっています。しかし、そんなことより、私の個人的な意見だけれども、二時間ほどのサマータイムを実施したらどうかと思うのです。例えば、今の朝の五時を七時にする。生活サイクルを二時間早めるわけです。そうすると、東京の夏の五時はもう夜が明けかけて明るいし、まだそんなに暑くもない。沖縄はその時間はまだ真っ暗だ、と言う人もいるけれども、沖縄でオリンピックをやるわけではないので、そこは大目に見てもらいたいところです。いずれにせよ、これも政府マターの話です。国会で大いに議論をしてもらわなければなりません。

つまり私は、オリンピック運営上の問題として、休日やサマータイムを提起しているのです。最終的に調整会議でＯＫになれば、国会にお願いし、各政党にお願いするというテーマだと思います。

まだ、これからいろんなことが想定されます。特にセキュリティ、安全の問題は重要ですが、輸送計画も大切な問題です。どうやって人や物資をスムースに安全に運ぶかという問題です。晴海の選手村の近くには、コンテナ基地があります。大きなコンテナが船からどんどん降ろされ、東京を通って全国に運ばれて行く。これをオリンピック期間中は止めてほしいと要望しているのですが、聞いてもらえるかどうか。経済の根幹、国民生活に直結することなので、迂回ルートを探すということになるのか。あるいは、日中は止め、夜中に活動するということになるのか。仮にコンテナの積み下ろしを止めれば、補償はどうするのかという問題も出て来ます。

そういうソフト部分の運営面のお金が、かなりかかってくるというのが、プラスアルファで必要になってくる部分です。今、組織委員会の予算は三千億円ですが、仮設の設備だけで二千八百億円で、残りは二百億円しかありません。運営費なんか出るわけがない。そういうことを我々は言っているのです。

安倍マリオの仕掛け人

リオオリンピックの閉会式で、東京紹介のプログラムをお披露目しました。そのプログラムを準備する段階で、世界的に人気のある日本のアニメキャラクターをいっぱい使うことが提案され、最後の「東京で会いましょう」とやるのはマリオにしよう、ということになりました。ただ、このマリオまでアニメでいいのか、誰か生身の人間が出てきたほうがいいのではないか、とクリエイターの佐々木宏さんと議論しました。ロンドン五輪の開会式のとき、実際はスタンドにいた女王陛下が、映像を使ってヘリコプターからサッと降りてきたように見せかけたのが、私の印象に残っていました。それで、やっぱり日本で最も国際的に知られている人物を考えよう、ということになりました。それでも、会議を数回やったが候補者が出てこない。女王陛下に匹敵するのは天皇陛下しかいないのだけれども、東京でやる開会式なら可能性がゼロではないでしょうが、ブラジルに行っていただくというのはあり得ません。そこで、スポーツ選手を全部挙げて検討し、組織委員会に入っている室伏（広治）君にしようか、という案が出たけれども、彼はＩＯＣ委員の選挙に出ているので、政治利用になってまずい、ということになりました。

いろいろ考えた末、ひと月くらい前になってから、「これは安倍総理しかいないな」と思い始めました。だけど、これにはかなりの根回しが必要だから、「この件はちょっと私に任せてください」と、会議ではこの件は一切出さず、佐々木さんと二人だけで話を進めました。

じつは私は、それまでマリオのことを知りませんでした。世界で一番人気があると聞いて、「安倍総理で行けるかな」と佐々木さんに聞いたら、彼が「それが実現できれば最高ですね」と言うので、「それでは、総理に当たってみよう」ということになったのです。

ただ、そのときは参議院選挙の真っ最中でした。だから、これも冒険だったのです。選挙で負けたら、イメージ的にまずい。ひょっとしたら内閣総理大臣を辞めているかもしれない。それでもう一つ、スポーツ選手を持って来る案を作り、結果的に北島（康介）君が候補になりました。彼にはクリエイターが話をし、ダメになったとしてもお許しをいただきたい、と了解を得ていたはずです。

それで、官邸に行き、「実はこういう構想で進めていますが、その最後のところのマリオの役は、総理ご自身でやっていただけませんか？」と申し上げたら、即座に「いいですよ」というご返事がありました。

私が「安倍総理に出ていただきたい」と考えた理由の一つは、日本を代表する男性である、ということでしたが、もう一つの理由として、ブラジルには日系移民の方々がたくさんおられる、ということがありました。

あの人たちは特別な思いで日本を見ておられます。彼らが実際に東京オリンピックに来られるかどうかはわかりません。しかし、日本の総理大臣がリオに来て、「ぜひ次回の東京においでください」と言えば、長い間ブラジルで苦労し頑張ってきた人たちが、どんなに喜ぶか、ということです。私は福田赳夫さんや田中龍夫さんとブラジル関係のことをずっとやってきました。若い頃はブラジルに毎年のように行っていました。そのつど、日本からブラジルに渡った先輩たちから苦労話を聞かされました。その皆さんが一番喜んでくれると思った。安倍さんは、マリオの件が無くても、日本の総理としてリオに行くことが決まっていましたが、その場合は、紹介があるわけでもなんでもなく、VIP席に座っているだけです。だから、安倍さんが舞台に、ピッチに立ったら、日系の人たちは感激するだろうと思ったのです。

ただ、この件が官邸に知られると、抵抗する人たちが出てくるから、

「このことを絶対に漏らさない担当の秘書を決めてください。今井（尚哉《たかや》）さんでいいですね？」

と申し上げると、総理は、

「それでいいです」

というご返事でした。さらに、何かあったときに今井秘書官が抵抗できなくなるといけないから、もう一人、官房副長官の萩生田《はぎうだ》（光一）さんにも伝えておこうということになり、以後、クリエイターの佐々木さんは、一切の連絡を今井秘書官ととっていました。そこまでやって、後は、私は全体の流れを見ていました。

ところで、渋谷から穴を掘ってリオへ行く、というのは私が出した案です。「ブラジルと日本は地球の裏と表だから、土管でつないでシュッと行くというのはどうでしょ

う？」と佐々木さんに言ったら、「面白いですね。それで作ってみましょう」と快諾してくれました。それから、「東京のどこがいいでしょう？」と聞かれたので、「やっぱり渋谷の交差点が面白いのではないですか」と答えたら、これも採用になりました。

事務総長以下には、最後の会議で初めて報告しました。事前に話せば必ず漏れるし、役人も反対するからです。

ここまでは順調に行っていたのですが、私の秘書役の平山（哲也）さんが「ＩＯＣの了解を取らないとまずいですね」と言ってきたので、さてどうするかと悩みました。こういうことは事務レベルでやると賛否両論が出てきてダメなのです。そしてそれがメディアに出ておかしくなってしまう。これは私とバッハさんとの会談で決めるしかない、となりました。私がリオで開かれたＩＯＣの総会に行った大きな役割は、野球をはじめとした新種目のプレゼンテーションと、もう一つはこの件の承認だったのです。バッハさんの了解を何が何でもとらなければならないと、悲壮な決意を固めました。

それまで二年半、ＩＯＣと協力し難しい局面を打開してきたので、私とバッハさん、私と副会長の（ジョン・ダウリング・）コーツさんとの間には、自分で言うのもおかしいのだけれど、本当に信頼関係ができていました。まさに戦友同士のようでした。

実際、コーツさんが一生懸命応援してくれました。バッハさんもにこにこ笑って、

「いやあ、ミスター・モリ、生涯最大のユーモアですね。そのユーモアの成功に賭けましょう」

と言ってくれました。

IOC副会長のコーツさんは日本開催の調整委員長であり、なかなかの人物です。酸いも甘いもわきまえた人です。

新種目とマリオの問題が解決したので、リオオリンピックの開会式を見て、一旦東京に帰りました。だけど、よく考えると、これで全部済んだとは思えませんでした。体調が良くなく、閉会式には行かないことに決めたのですが、私がいないところでゴタゴタが起きるかもしれません。そこで、私の秘書役の平山さんに、

「あなたがリオに行ってください。私の権限を全部与えます。総理の周辺で何かあったり、警察が何か言ったりして、ゴタゴタするかもしれません。面倒なのは、VIPとしてスタンドにいる総理が、ビデオが始まる少し前に、ピッチに行かなければならないし、土管にも入らなければならないことです。その際、ピッチへ出られる者は決まっていると言われ、警備から止められる可能性がある。そうしたら、これはバッハ会長が了承していることだと言って、命がけで進めてほしい」

と言いました。

それから、萩生田副長官にもお願いしました。

「土管に入ることについて、警視庁のSPはうんと言わないかもしれないけど、これは命をかけてやってほしい」

「わかりました。身体を張ってやります」

このように、事前の練習などできないぶっつけ本番ですから、本当に何が起こるかわからなかったのです。

閉会式の前の晩、熱海に静養に行った私は、翌日は朝早く帰って、自宅のテレビで閉会式を観るつもりでした。ところが、折悪しく台風に巻き込まれて帰りが遅くなり、ちょうど閉会式の時間は車の中になってしまいました。その車の中で、私の携帯電話が鳴りました。「安倍晋三」と名前が出ています。驚いて電話に出ると、

「今、終わりました。成功でした。大変な歓声でした！」

という安倍さんの声が飛び込んできました。大変感激しておられた。やっぱり嬉しかったのでしょう。安倍さんとは長いお付き合いだけれど、こんなことで直接電話がかかってきたことはなかったので、私も感動しました。

あの演出については、アメリカのメディアなどが、ソーシャルネットワークを使ったりして報道し、「素晴らしい！」と言ってくれました。海外のほとんどで、あの韓国で

さえ好評でした。海外のメディアが評価したというのは大きく、みんなが喜んでくれました。

現場にいた人たちに後で聞いたら、スタンドの一階や二階からよりも、上にいた、つまり、ブラジルの人たちがいた席から、何とも言えない大歓声が上がったのだそうです。その話を聞き、この人たちに喜んでもらいたいという気持ちが通じて、ほんとによかった、と思いました。国内では、政治利用だとか何だとか、とやかく言っている人たちも若干いたようですが、的外れもいいところです。

第二章　すべてラグビーから学んだ

スポーツと父の教え

私は政治家として、一貫して教育政策を自分の政治活動の大きな柱にしてきました。なぜ教育政策をやろうと思ったかというと、人間というのは、周りの人間によってどのようにでもでき上がるものだ、と身に染みて感じていたからです。私の育った環境、父親・母親、小、中、高、大学のそれぞれの年代で自分を育ててくれた恩師らによって自分が作られ、現在の自分があると考えているからです。そして、人間を育てるにはスポーツを通じた教育が一番だ、と確信していました。

私は昭和十二（一九三七）年七月十四日、石川県能美《のみ》郡根上町《ねあがりまち》（現能美市）に、父茂喜、母薫の長男として生まれました。一歳上に姉、四歳下に弟がいます。

根上町は、元ニューヨークヤンキースの松井秀喜選手の出身地として有名ですが、町名の由来は歌舞伎十八番「勧進帳《かんじんちょう》」の「安宅関《あたかのせき》」の故事です。弁慶が義経を打ちすえて関守富樫《とがし》の心を動かし、無事切り抜けた後、松林の中で根の上がった松に腰を掛けた義経に詫びたというところから、根上村と言われるようになったそうです。

森家は村の代々の庄屋で、祖父の喜平は、大正六（一九一七）年から昭和二十年八月

支那事変で出征する父茂喜（左）。中央は祖父喜平（ひざの上は姉智子）。右は母薫（ひざの上は生後３カ月の筆者）。

まで、村長そして町長を務めておりました。

幼年時代の私は、その祖父に育てられました。父が昭和十二年、私が生後三カ月のときに出征したからです。途中、負傷し、一時病院で療養したことはありますが、歩兵第七連隊の将校として、中支戦線から最後はトラック諸島へと転戦し、昭和二十年に復員するまで、家にはいませんでした。ですから、それ以前の父親の記憶はあまりありません。

そして母は、私が小学校の一年生のときにガンで亡くなりました。祖母は私の生まれる前に亡くなっています。

祖父は三人の孫を抱えて、おそらく相当心細かったと思います。それでも近所や周りの人たちなど、当時の森家に出入りする人はたくさんいて、我々はその中で何とか生き抜いてきたわけです。

父は、昭和八年に早稲田大学を出て、最初は京都市役所に勤めたようです。

大学時代は、野球、スキー、ラグビーと、好きなスポーツをやりたい放題やっていたようです。当時の大学は、各クラブの間で選手が行ったり来たりしていたそうで、神宮球場で三原脩《おさむ》選手と一緒に肩を組んだ、野球のユニフォーム姿の父の写真があります。所属はラグビー部でしたが、駆り出されて柔道にも出た、と言っていましたし、スキーでジャンプをしている、すごい迫力のある写真も見たことがあります。スポーツは万能だったようです。ただその中で本気でやっていたのは、ラグビーでした。

昭和の初期にラグビーをやる人間など、おそらく石川県では誰もいなかったでしょう。どんな理由でラグビーをやっていたのかは、ちょっと私にもわかりませんが、その後のことは、『おつぶけ町長森茂喜　その人と足跡』（北國新聞社）という本に詳しく出ています。「おつぶけ」というのは、石川県の方言で正座をすることです。父は復員してから根上町の町長を長く続けましたが、いつも正座をしている人だったので、そういうあだ名がついたのです。

京都市役所では野球の指導などもしていたようですが、喧嘩をして飛び出し石川県庁に入った、と言っていました。どうせ戦争で死ぬのだから、まっとうに勤めてもしよう

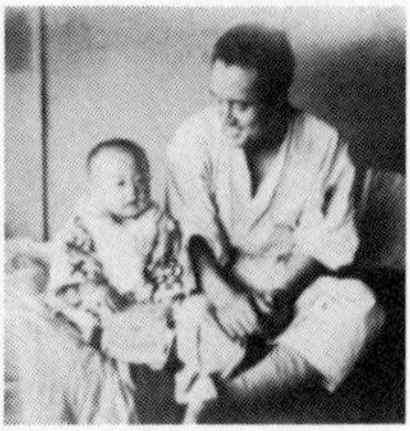

▲自宅療養中の父茂喜（右）と1歳の筆者。
◀母薫（中央）。左から姉智子、弟紀喜、4歳の筆者。


がない、と当時は思っていたようです。

　そんな人ですから、戦争が始まるとすぐ志願して、それからはずっと軍隊です。最初は二等兵で入って、途中で幹部候補生の試験を受けて将校になり、戦争が終わったときには中佐でした。

　父は祖父からお見合いをしろと言われ、北前船《きたまえぶね》の港でも有名な橋立《はしたて》（現加賀市）の医者の娘、薫と見合いをし、一緒になりました。薫は、金沢の第一高等女学校を出ています。私が選挙に出たときに、母の同級生だったという人に何人か会って励ましてもらいましたが、母親はものすごい秀才だったそうです。私はその点はあまり似なかったけれども、とにかく当時の金沢第一高等女学校というのは、女性にとっては憧れの的だったようです。

　自分は戦争に行って早く死ぬ運命にある、とにかく後継ぎを残していかなければならない、という思いもあったのでしょう、父はすぐ結婚して、最初にできたのが昭和十一年生まれの姉です。それからおおよそ一年半経って私が生まれました。前にも言ったように、昭和十二年の七月十四日です。

盧溝橋事件が起きたのが七月七日で、そこを発端に支那事変が始まり、直ちに父は南京に応召することになるわけです。

伯母から、「おまえをただの一回も抱かなかった父親だよ」と言われました。本当に抱かれたことが一切ありませんでした。

当時、応召して出征していくときには、親類縁者や近所の人などみんなが、駅のホームで「お父さん頑張ってください、ご無事で」と見送ったものです。母親も私を抱いて見送りに行きました。そして、父の姉である私の伯母が、「茂喜、抱いてやれ」と言ったのですが、絶対に抱かなかったというのです。

戦後、帰ってきた父に、「なぜ？」と聞いたら、理由を二つ挙げました。

一つめは、女々しい、みっともない、ということです。事情があって抱けない人などいろいろな人がいるのに、自分だけ「そうか、よしよし」などとはできなかった、と言いました。私もその性格を受け継いでいますが、父は格好をつけたのです。

理由の二つめは、おまえの体を抱いた感触が体に残っていると、戦場ではダメだ、パッと思い出したりすると、瞬間的な判断ができなくなる、ということでした。未練が残っていると判断が鈍る、ということです。ラグビーで大切なのは瞬間的な判断ですから、そういう感覚が学生時代から残っていたのかもしれません。そういう父親でした。

小学生時代は野球に夢中

父の思い出で強く印象に残っているのは、野球のキャッチャーミットです。

戦争が終わった昭和二十年、私は小学校の二年生でした。それまでは、大きくなったら当然軍隊に入るものだと思い、子供同士、乃木大将みたいになりたい、東郷平八郎みたいになりたいと言い合って、スポーツなどにはまったく縁がありませんでした。敗戦直後は、ひょっとしたらみんな殺されるのではないかとか、いや、男だけ殺されるのだとか、いろんな噂が子供にも伝わってきて、暗い気持ちになったものです。

しかし、子供ですから、すぐにみんな野球に夢中になりました。ラジオで活躍を聞くプロ野球の選手にものすごく憧れ、夕方遊びが終わって銭湯に行くときには、誰もが走りました。なぜ走るのかというと、好きな選手の背番号と同じ番号の下駄箱を取りに行くためです。十六番は川上（哲治）、二十三番は青田（昇）、三番は巨人では千葉（茂）、セネタースでは大下（弘）、といった具合です。それくらい野球に憧れ、試合の中継をラジオにしがみついて聴いていました。

私たちも何とかして野球をやろうと思ったのですが、当時はボールも何もありません。それで、芯にしたビー玉を綿で包み、それに適当な大きさになるまでグルグル糸を巻き、捕まえて生干しにした食用蛙の皮を外側に張って、ボールを作りました。しかし、蛙の皮だから打つとすぐ破れ、糸がパッと取れていきます。まさに糸を引く弾丸ライナーです。場所も近所の神社の境内や、私の家の周りの空き地です。わが家の後ろは松林で、飛んでいったボールは、木にポンポンポンポーンとパチンコみたいに当たりました。そんな野球でしたけど、それでも野球は楽しかった。

私は地域の子供たちとチームを作ってキャプテンになり、いつもピッチャーかキャッチャーでした。なぜキャプテンかというと、野球のグローブを持っていたのは私だけだったからです。グローブがあったおかげで、地域にクラブチームができたのです。

それは父のグローブでした。家の玄関の下駄箱に革の製品が二つあって、一つはそのグローブで、もう一つはラグビーボールでした。「これはお父さんの大事なものなんだよ」と母親から聞かされても、幼い頃はなんだかわからず、まるで遺品みたいに感じていたのですが、父が元気に帰ってきたので、これはありがたいと使い始めたわけです。

父はチームに「赤狼クラブ」という名前をつけてくれました。赤い狼です。そして、英語ではレッドウルフだから、マークは赤い「W」にしろと言いました。当初はわからずにいたのですが、後で、なーんだ、早稲田のマークだったのか、とわかりました。父には、こんなちゃめっけもあったのです。

父も、私たちが野球チームを作ったのが嬉しかったのでしょう。「おい、喜朗、これを使えよ」と、どこからか手に入れたキャッチャーミットをくれました。これは嬉しかった。「よしっ、これで自分は監督だな、キャプテンだな」などと思っていました。

ところがある日、私が家へ帰ったら、玄関のところに置いてあったそのミットを、近所の子供が持っていました。私が「返せ」と言っても、「嫌だ」と言って、抱えて離そうとしません。そこにちょうど父が帰ってきました。そして私の顔を見て、「喜朗、あげなさい」と言ったのです。

せっかく買ってもらったものを、なんで人にやらなければいけないんだよ？　と思ったけれど、「あげなさい」と怒られました。怒られたら何も言えません。その子供は、喜んでミットを持っていってしまいました。

後で父が言いました。

「あの子のお父さんは戦争で死んだのだ。だから、あげなさい。おまえには私がいる。

またいつでも買ってやれる」

ああ、なんという訳のわからない父親だなあ、と思いましたけれど、大人になってからは、親父、いいところあったなあ、と思い返しています。

野球をやりながら、その頃の私が一番抱いていたのは、グラウンドが欲しいなあ、という思いでした。まわりは畑と田んぼばかりで、ちゃんと野球のできるグラウンドがなかった。そのとき幼心に切実に思ったことが、その後、子供たちが自由に野球のできるグラウンドを造ろう、という政治家としての夢につながっていくのです。

イギリスでもオーストラリアでも、なんであんなにラグビーが強いのかといえば、子供の頃からラグビーボールを蹴っ飛ばしているからです。どこへ行っても芝生のグラウンドがあり、裸足でサッカーやラグビーをやっています。私は、緑の芝生があるグラウンドを子供たちのために造ってやるのが一番大事だ、と思ったのです。

師に恵まれた

生まれ育った環境からの影響を考えると、私の場合は、小学校のときからずっと先生に恵まれた、というのが大きいと思っています。

小学校一年生のときは村上喜久栄《きくえ》という女の先生でした。その後も、ずっと私を見ていてくれて、十五、六年前に百歳近くで亡くなられました。この先生は、ちょうど私が母親を亡くし、ちょっと元気をなくしていたときに、「ばかもん、しっかりしろ。君のお父さんは戦争に行って帰ってこないんだよ。森家を守るのは君なんだよ。そんなことでめそめそしてどうするんだ」と叱ってくれました。九十を過ぎて施設に入られたので見舞いに行ったら、「ああ、喜朗さんか、元気でやってるね。いつまでもいると、みんなに迷惑がかかる。早く逝きたいんだけれども、なかなかお迎えに来てくれんでねえ」などとおっしゃった。それが最後のお別れの言葉でしたけれども、私にとって生涯の先生でした。

五年生、六年生と受け持ってくれた室政男という先生も、やっぱりすごい方でした。自分たちで思うようにやれ、ということを非常に熱心に説いてくれて、実際にやらせてくれたのです。

五年生のときに、クラス対抗の野球大会をやりたいと先生に話したら、「君らでやりなさい」と言われました。それで、五年、六年で各三クラスずつあったので、対抗試合を小学校でやりました。

私は五年三組でしたが、どうしても勝てないクラスがありました。一組にすごいピッチャーとキャッチャーがいたのです。ピッチャーは、後にプロ野球からスカウトされたけれど行かず、電電公社（今のＮＴＴ）に行って社会人野球部のエースになった福田君という男です。キャッチャーは坂井君という私と同じ町内にいた子で、その二人がバッテリーを組んでいて強かった。どうしても勝てないのが悔しくて、六年ではどういうクラス編成になるのかなあなどと、勉強のことよりも野球チームのことばっかり頭にありました。それで、受け持ちの室先生にこう言いました。

「先生、来年、どういうクラス編成になるんですか？」

「なんでそんなことを聞くんだ？」

「六年のときは優勝したいから」

「そのまま持ち上がりになるぞ」

それではダメだ、これではまた一組に勝てないなあ、勝てないままで小学校を終わってしまうのは嫌だなあ、と思ったから、先生と交渉しました。その頃から私は、小学生のくせに変に大人びていたのです。

「先生、少し一部入れ換えたらどうですか？」

「どうしたらいい？　森君」

「キャッチャーの坂井君をうちに入れましょう。ピッチャーの福田君と組まないようにしたらいいじゃないですか」

「それは面白いなあ」

と、先生も提案を受け入れ、何人かクラス異動をしてくれました。それで我々六年三組が、見事に優勝しました。

いよいよ決勝の日に、朝、学校へ行ったら、先生の文字で、黒板に字が書いてありました。

「日頃の練習の成果を発揮して頑張れ」

会議があって、先生はどうしても君らの試合が観られない、残念だ、しかし、君らが勝つことを願っている、という励ましの言葉でした。

その黒板を見て、みんな泣きながら、「先生、おらんけど、これは頑張らないかんなあ」と、発奮しました。それで優勝したのです。

その頃の小学生は、どこの学校でも毎日のように野球をやっていました。勉強などしません。敗戦によって教育が一番混乱していたときです。教科書は、ここと ここは読むなと、墨で塗られました。それまで神社の前では、リーダーが声をかけて「ぜんたーい、止まれ！　右向けー右。八幡神社に向かって、敬礼！」などとやっていたのに、今まで習って来たそうした所作、振る舞いは、やらないことになったのです。

そういう中で、勉強も何もしなかったのだけれども、私は結構秀才でした。本質的に頭がいいほうだったのかもしれません。ところが、敗戦間際に、東京、大阪、名古屋などに空襲が来るようになると、そうした都会から疎開の人たちがいっぱい来て、その子供たちがクラスに入ってくるようになりました。東京の子なんか、標準語でカッコいいことを言うのです。「行っちゃったのさ、君」とか、「これ、持ってる？　森君」なんて。こちらは田舎弁丸出しだから、「クソー、なにが森君だ」と思ったのですが、彼らはみんなよく出来るのです。地域差だったのでしょうけれど、学力差がものすごい。それまで秀才だと言われていたのに、彼らが来てからは、あっという間に成績が落ちていきました。

どんなに頑張ったって、都会から来たやつらにはかなわないと、それからは一切勉強するのをやめました。その代わり運動では負けないぞと思った。まあ、それを理由に、私は好きな野球ばかりしていたわけです。

人生を決めたラグビーとの出会い

その野球小僧が、なぜラグビーに関心を持ったのかというと、早稲田大学ラグビー部が私の町へ合宿に来たからです。昭和二十三年、小学五年生のときでした。

ラグビーの合宿は今でこそ、長野県の菅平《すがだいら》をはじめいろいろなところで、けっこう贅沢にやっていますが、当時は終戦直後ですから、合宿するにも食料がない。米の確保が先で、その当てがなければ合宿ができませんでした。

そこで私の父が、根っからラグビーと野球と早稲田で出来ているような人間でしたから、「学生たちが困っているだろうから、うちへ来い。飯ぐらい何とかなるだろう」と引き受けました。「飯ぐらい」と言っても、四、五十人も来たうえに、一カ月くらいいたのですから、「何とかなる」ようなことではなかったみたいです。選手たちの半分くらいは、戦争から帰ってきた人たちでした。選手は、夏休みの学校の、家庭室とか裁縫室とかいった畳の敷かれた部屋に泊まり、監督以下、役員は全部、私の家で寝泊まりしていました。諸経費も、結局父が負担したようです。数年あとまで借金が残っていたことを、子供ながらに記憶しています。

父親が戦争から帰ってきたら、うちの蔵の中は空っぽになってしまいました。父は、大学を出てからは戦争に行くことしか頭になく、自ら志願して戦争へ行きました。途中、ケガをして帰ってきたりしたけれど、また出ていって、戦争が終わるまで軍隊暮らしでした。そういう父親でしたから、家の経済がどうなるかも考えず、家にある道具も、蔵にあるうちの財産も、何でもかんでもみんな売ってしまったのです。

父は私にこう言いました。

「お父さんがこうやって元気に帰ってきたのは、恥ずかしいことなんだ。みんな死んだんだ。だから、そういう人たちのために、自分はまさに身を挺していかなければならないんだ」

後でわかりましたが、それはラグビーのセービングということなのです。「身を挺してみんなのために頑張るから、おまえだけの父親だと思うな」ということです。「公私混同をするな」といったことを、うるさいくらい言う父親でした。

あるとき、祖父が「喜朗、ちょっと来い」と私を呼び、こう言いました。

「おまえの父親は戦争ばかりやってきて、少し頭がおかしくなっている。うちの財産をみんな売ってしまった。だから、おまえ、今に取り戻せ。しっかり勉強して偉い人間になって、みんな買い戻せ」

しかし、父は、

「そうではない。これは森家の名誉のために売るんだ。財産というのは貯めるものではない。苦しいときに使えという、先祖から子孫への贈り物だ。戦争に敗れ、こういう時代になっているから、どんどん使うんだ。じいさんがいろいろオマエに言うかもしれないけれど、そんなのは年寄りの戯言《ざれごと》だと思って聞いておれ」

などと言うのです。私は、何となく父親の言葉のほうに説得力を感じました。

そういう父が呼んだラグビー部ですが、最初は、あんなもののどこが面白いんだろうなあ、と疑問に思いました。石ころがいっぱいあるようなグラウンドで、みんな朝から晩まで泥だらけになり、タックルし、ぶつかり合い、うまく行かないと「グラウンド一周！」とか「二周！」とか言われて走らされ、汗でドロドロになって、泣きながらやっているのです。私は、

「大きくなっても、ラグビーだけはやりたくないな。やっぱり野球がいいなあ」

などと思いながら練習を見ていました。

しかし、そうやって毎日見ているうちに、一人だけマークされている若者に気づきました。練習の最後まで、突っ込まされたり、転ばされたり、グラウンドを走り回らされたりしているのです。練習が全部終わって、みんなが足洗い場で身体を洗って引き揚げても、いつもその人だけ残され、一人で泣きながら腹筋をさせられていました。可哀そうに思い、私はいつも彼の傷だらけの背中を、水を流して洗ってやりました。北海道の人で、身体がやけに白かったことを覚えています。

それであるとき、コーチの大西（鐵之祐《てつのすけ》）先生に、「おじさんたちは、どうしてあの

人だけ、あんなにいじめるんだよ。かわいそうだよ」と言いました。

「どうしてなんですか？」

「気がついたか？」

「あの男はこれから、日本一の選手になるんだ。北海道から来て、今年、早稲田に入った。彼を何としても今年、レギュラーで使いたいから、みんなで集中して鍛えているんだ。意地悪しているのではないんだよ、森君」

そう言われて、「なるほど、そういうものなのかな」と思いました。それが、のちに日本代表選手になった青木良昭さんで、国体の記念切手のモデルにもなった人です。青木さんとは、その後ずっとお付き合いをしましたが、わりと早く亡くなられました。

そういう場面を見たりしたことで、私自身、だんだんものを見る目が出来ていったように思えます。

我が家に泊まっていた監督や役員は、朝一緒に学校へ行ったりするものだから、私にいろいろなことを教えてくれました。その当時、早稲田の総監督は、西野綱三《こうぞう》さんという朝日新聞におられた方で、その人の下でコーチをやっておられたのが、さっき名前を出した大西鐵之祐さんというラグビー界では有名な方です。大西先生は私の父の三、四年後輩なのですが、大西先生にはお兄さんがいて、そのお兄さんと私の父が大学で一緒でした。その縁で、弟である大西先生と私の父とは仲がよかった。それで合宿を世話したようでした。じつはこの大西先生が、私の将来を運命づけていく大事な人になるのです。

そうこうしているうちに、秋に入ってだったか合宿の終わり頃に、早慶ラグビーが金沢の四高（旧制第四高等学校、現金沢大学）のグラウンドで行なわれました。その試合を観に行ったら、ふだんは泥んこの汚いなりの連中が、早稲田はスカッとした黒と赤のジャージ、慶應はタイガーのジャージを着て、まるで人が違うような颯爽とした姿でグラウンドに出てきました。

試合を観ていて、「これがラグビーなのだ」とわかりました。当時の森少年は「これだ！　ラグビーだ！」と欣喜雀躍、ラグビーをやるぞと決めたのは、そこからでした。

私は、「ラグビーをやるのが自分の人生だ、もう早稲田に行くしかない」と思い、高等学校は石川県で一番ラグビーの強い学校へ行きたいと、父親に相談しました。

石川県では金沢二水《にすい》高校というのが圧倒的に強かった。なぜ強かったかというと、私の父が指導していたからです。父は、金沢から汽車で一時間もかかる片田舎にいながら、当時、石川県のラグビー協会を作ったり、四高や高専などのラグビーの指導をしたりしていたのです。

ところが、当時石川県にはほとんど公立の学校しかなく、学区が分かれていて、根上町の中学校からでは、金沢二水高校に入れませんでした。行ける区域の中学校に行かないとダメで、どうしても行きたければ、越境入学するしかないわけです。それで父は、親しい人に頼んで私を金沢に寄留させ、そこから学校へ通っている形にしてもらいました。実際は、片道小一時間かけての汽車通学です。

中学の三年間も高校の三年間も、ずっと朝は六時頃起きて、飯を食ったり食わなかったりで、駅まで一キロ走りました（そのうち自転車になりました）。そこから列車に乗って金沢まで小一時間、そこからまた学校まで三十分くらい歩きます。

中学にはラグビー部がなかったので、代わりに身体を鍛えるには何がいいか考え、一番激しい運動だと言われてバスケットボール部に入りました。少しでも体を大きくしたかった。食べ物も不足するようなモノのない時代ですから、もうガリガリに痩せていて、ラグビーができる身体ではなかったのです。

中学のときも、いい先生に出会いました。後に選挙に出たときに、親身になって応援していただき、身に染みてありがたいと思いました。そのことについては後ほど記すとして、中学ではともかくバスケット部で体を鍛え、念願通りラグビーの強い金沢二水高校に入り、ラグビー部に入部しました。

ところが当初、先輩や上級生たちの私に対する評価はひどいものでした。

「なんだ、あのガリガリのチビは。使えねえよ、あんなもの」
「そう言わないで、森さんの息子だよ」
「いくら森さんの息子でもなあ。まあ、マネージャーでもさせりゃいいか」

　などと言われていました。そう言われると余計燃えるたちで、必死で練習をしました。ポジションは、最初はフルバックでしたが、二年生のときはスタンドオフ、三年生でキャプテンになりました。北陸三県の大会で決勝まで行きましたが、ここで勝てば全国大会、あこがれの花園（ラグビー場）というところで、富山の強豪、魚津高校にワントライ差で負けてしまいました。

　花園には行けなかったけれども、

金沢二水高校時代の筆者。

私はけっこう評価されて、中央大学、立教大学、同志社大学など、あちこちの大学からスカウトされました。

中央大学ラグビー部を練馬の練習場に見に行ったら、先輩たちが後輩たちをいじめていました。先輩たちがボールを田んぼの中へポーンと蹴り込んで、「拾ってこーい！」と命令するのです。拾ってきた後輩が、革を磨いてから、「できました！」と差し出すと、「ふ〜ん」と言って受け取って、白い脱脂綿か何かをちょっと舐めて、それでクイッとこする。そんなことをしたら、土のような色が出るに決まっているのに、「なんだ、これは。まだ汚れているじゃないか」と言って、また田んぼへポーンと蹴り込むのです。こんなことをしている学校はダメだと思いました。

立教大学は、高校の先輩から「受けろ、受けろ」と言われて受験しました。だけど、英語のヒアリングがあって、できっこない。それも、拡声器がガーガーガーガー音を出す代物で、「ああ、これはダメだ」と白紙で答案を出しました。同志社大学からも呼ばれたけれども、関西にはどうも行く気がしませんでした。

とにかく早稲田に行きたかったのですが、進路指導の先生に「君の成績では早稲田は無理だ」とはっきり言われ、ぐらついていたのです。実際、三年間ラグビー漬けで、勉強しようにも汽車通学に時間を取られ、家に帰っても寝るだけでしたから、自分でも無理だとわかっていました。

でも、小学生のときから「早稲田でラグビーをやる」と決め、それでずっとやってきたから、他の大学では、ラグビーができてもいやなのです。早稲田のラグビー部からスカウトにきてもらって体育局の推薦を受けるのが唯一の道なのだけれども、花園には出ていないし、全国的には無名だから、それもない。

悶々としていたら、心配した父が、当時早稲田のラグビー部の監督をしておられた大西先生に、紹介状を書いてくれました。大西先生の家は、六本木の中国大使館の近くの、芝生の庭のある素敵なお宅で、「楽苦美庵」という扁額がかけてありました。ああ、なるほど、ラグビーって、こういうことだなあ、楽しくて、苦しくて、しかも、とても美しいんだ、と、非常に感心しました。

大西先生にお会いして、父親に書いてもらった名刺を出しました。

「ああ、あの森君か。お父さんにはずいぶんお世話になった。合宿でもお世話になった。そういえば、あのとき、何かウロウロしていたなあ、小さいのが」

それから大西先生との関係が始まるのです。早稲田にも、ラグビー部の推薦で入りました。もちろん受験はしました。推薦を受けた者を集めてやる、受験勉強というか講習会も受けさせてもらいました。入ったのは商学部です。

念願のラグビー部に入り、さっそく東伏見の寮で合宿生活です。ところが、一緒に入ったのは、全国に名の通ったラグビー名門高からの選りすぐりの選手ばかりで、体格から技術からまるでけた違いでした。わが金沢二水高校も北陸では名門だったけれども、ものが違う。私は練習についていくのがやっとで、それでも必死についていきましたが、四カ月でとうとう吐血し、病院に行ったら「胃潰瘍だ、最低でも三カ月休め」と言われました。それで、張り詰めていた心の緊張が切れてしまいました。今でさえついていくのがやっとなのに、ここで三カ月も休んだら、けた違いの同期生にとても追いつかない、もうダメだ、と思ってしまった。後で考えれば、まだ入ったばかりだし、体を治して一から鍛え直し、補欠のそのまた補欠からでも、やっていく時間は充分あったのだけれども、若いから思い詰めてしまったのです。

それで、思い切って退部することを決断しました。それだけでなく、早稲田も辞める決断をして、大西先生のところに挨拶に行きました。

「申し訳ありません。ラグビーを続けられないので、辞めさせてもらいます。ラグビーの推薦で入ったんだから、学校も辞めさせてもらいます」

そしたら、大西先生が殴り掛からんばかりに怒りました。

「バカもん！　おまえは何を考えているんだ！　ラグビーだけが人生じゃないだろう！」

「だって、私はラグビーで入れてもらったんだから、ラグビーを辞める以上は、大学にいるのは恥ずかしいことです」

「そんなことはない。おまえ、そんなにラグビーに申し訳ないと思うか？」

「はい。思っています」

「だったら、ラグビーを見返して、ラグビーを見返せ。今にラグビーのために力を尽くすような人物になれ」

そう言われて、早稲田を辞められなくなったのです。

それからしばらくは、やることもなく腐って荒れていたのですが、縁あって早稲田大学雄弁会に入り、政治家への道につながっていきます。しかし、大西先生に叱られなければ、早稲田をそのまま辞めて

早稲田大学時代の筆者。

いたでしょうから、今日の私はなかったでしょう。

　また、大西先生のあの「ラグビーのために力を尽くせ」という言葉がなかったら、薦められても、ラグビー協会の会長を引き受けることはなかったでしょう。W杯（ワールドカップ）の誘致も、やろうと思ったかどうかわかりません。だから、ありがたい。私の人生を作ってくれたのは父親であり、ラグビーであり、そして大西先生だなあ、というふうに思っています。

　そのように振り返ると、私はつくづく、その時々で恩師と言えるようないい先生に出会っていたのだと思います。

　後に地元の石川県から衆議院議員選挙に出たときも、中学のときの恩師、庄田時中《ときなか》先生が身を挺して応援してくれました。

　当時は日教組の運動が激しい時代で、庄田先生は石川県の教員組合の書記長か何かをやっておられたのですが、私が選挙に出るというのでその書記長を辞め、日教組も離脱したのです。そして、それまで赴任したすべての中学校へ私を連れて行き、「俺の教え子だ。今度衆議院に出るから頼む」と紹介してくれました。ずっと日教組の幹部でしたから、どこの中学校にも知り合いがたくさんいたのです。

「おまえのおかげで俺は、自分の希望がかなえられなくなった」などと、よく私は文句を言われました。「そういう生徒に指導した先生が悪いんじゃないですか」と、私は冗談を返したりしたけれども、本当にありがたかった。教え子のためにそこまでやる、本物の教員というものの力量というか人格というのを、私はいやというほど見せつけられました。

そういえば、不破浩という先生も忘れられません。不破先生は、旧制四高で私の父親からラグビーの指導を受けました。そういう縁もあって、越境入学で私を、金沢の自分の中学校に入学させてくれたのです。この方もすばらしい先生で、「君のお父さんにお世話になった。その恩返しだよ」と言ってくれました。

私は、教育というのは、人が人を教え、人が人を作り育てることなのだ、と身に染みて思います。教師というのは、人間社会において最も崇高な職業ではないでしょうか。だから私は、政治に携わる人間として、教育の現場や教員の質に関することには力を尽くさなければならないと考え、ずっと教育問題に取り組んできたのです。

人作りはスポーツで

では、どういうふうに教育したら、人として成長し、いい人間ができるのでしょうか。

勉強はきわめて大事です。でも、勉強だけでは足りません。人間には欲望もある、攻撃的な衝動もあれば、なまけ心もある。他人や社会への恐れもある。そういうものを自分でコントロールできるようにならなければ、立派な社会人にはなれません。自制心や、ちょっとやそっとではくじけない心、仲間との連携や思いやり、そういう人間が持っている良質な面、やさしい面を育てていくには、スポーツが一番いいのです。

中でも、私はラグビーがいいと思っています。ラグビーの一番の柱は、自分の責任をきちんと果たすという責任感です。それから、一人でやれないスポーツだということです。協力して行なうスポーツなので、協調ということがとても大事です。

ラグビーをただ外から見ると、やたらと激しく、荒々しい闘争心ばかり逞しくするような印象を得るかもしれません。確かに闘争心は必要で、それがなければダメですが、その闘争心はじつは、自己犠牲に裏打ちされているのです。自分を犠牲にしてでも身を投げ出し、他の選手の下敷きになってボールをセービングし、仲間たちを走らせる。あるいは、恐怖心を押さえてタックルに行く。そういう自己犠牲の精神があるのです。だから、責任感と協調性と敢闘精神と自己犠牲を学ばせるには、ラグビーが一番いいのです。

ラグビーはヨーロッパで非常に盛んですが、例えばイギリスなどでは、軍隊へ入ると、ラグビー経験者でないと将校になれないそうです。やっぱり指導力、統率力があるとされているのでしょう。特にイギリスの場合は階級社会で、上流社会の男性はほとんどがラグビーをやっているようです。

余談ですが、日本でも戦後、私の父なども運動をし、自衛隊の隊技をラグビーにしようとしたことがありました。実際、一時期隊技になり、自衛隊員たちも頑張ってラグビーをやっていました。ところが、公務傷害という問題が出てきた。練習中のケガは、公務上のものとして扱うのか、個人的なものになるのか、という議論になったのです。結局、公務傷害にはならないということになり、残念ながら自衛隊の隊技から外されました。しかし、今でも日本の自衛隊には、どこの隊へ行ってもラグビーチームがあって、強い。

この自衛隊の各部隊のラグビーチームが「自衛隊のラグビーを強くする会」を作り、私に会長を引き受けてくれと言ってきました。そこで私は、彼らのラグビー精神を誇り高くするため、決勝戦を秩父宮（ラグビー場）で出来るようにしました。隊員は、みんな喜んでくれました。現在は、みんなが秩父宮でプレー出来るように、クラス分けし、それぞれのクラスの優勝戦を全部秩父宮でやっているようです。

私はこの「自衛隊のラグビーを強くする会」の会長を十数年務め、今は中谷元《げん》・前防衛大臣に引き継いでもらっています。彼は昔から自衛隊、防大でラグビーの選手でした。

ともかく日本のラグビーというのは、百二十年ぐらいの古い歴史があって、大人のスポーツなのです。ラグビーの試合に行ってみればわかると思いますが、サッカーだと若者たちがスタンドで、のべつまくなしに声を出したり跳ねたりしているけれども、ラグビーはシーンとして観ています。必要なときは拍手だけです。それから、観客のほとんどはファミリーで来ています。

今の経済界の皆さんの中にも、ラグビーをやっていた人はものすごく多い。新日鐵住金の社長で日本鉄鋼連盟会長でもある進藤孝生《こうせい》さんは、秋田高校と一橋大学でラグビーをやっていたし、前の東芝の社長・会長で日本商工会議所名誉会頭の岡村正さんも、東京大学ラグビー部のキャプテンでした。今、私のあとの日本ラグビーフットボール協会会長を引き受けていただいています。

「サッカーくじ」で芝生のグラウンドを

ところで、教育にはラグビーがいいとわかっていても、やる場所がない。芝生のラグビー場はいつまで経ってもできないし、誰も造ろうとしません。関東に秩父宮ラグビー場、大阪に花園ラグビー場くらいしかないのです。

私は、野球に夢中だった小学生の頃、芝生のグラウンドがほしいなあ、今に大きくなったら、日本中どこにでも野球場を造るんだ、と夢を描いた人間ですから、これは自分が何とかしたいと思ったけれども、予算が付かないとどうにもなりません。一つや二つなら文部科学省の予算で何とかなるかもしれませんが、全国に芝生のグラウンドを造って維持するとなると、そのための財源を自分で作らないといけません。

それで、私が考えたのが「サッカーくじ（ｔｏｔｏ）」です。これも、さんざん国会でいじめられました。サッカーくじは世界中どこでもやっているのに、日本では絶対にやらせないと、ＰＴＡ協議会が反対するわ、日教組が反対するわ、もちろん共産党は反対するわででした。要するに、スポーツをくじの対象にするのは教育上よろしくない、ということのようです。

ですが、じつは本当の反対勢力は既成勢力でした。競馬、宝くじ、競輪、競艇の団体及び関係者が、サッカーくじを競争相手と見て、お客を取られるのではないかと反対したのです。競馬は農林水産省、宝くじは自治省（現総務省）、競輪は通産省（現経済産業省）、競艇は運輸省（現国土交通省）と、それぞれ管轄する役所にとっては第二の金庫ですから、省を挙げて反対しました。彼らにとっては大事な天下り先でもあります。役人が反対するだけでなく、農林族、通産族といった族議員の連中も、私がスポーツ振興のためにやるんだと言っても聞きません。総論では「いいことだ」と言うけれども、競馬にとっては敵になるとか、宝くじの敵になるとか、各論ではみんなが反対するのです。結局、七、八年かけ国会で議論し、今の副総理、麻生（太郎）さんと私とで一生懸命になって作り上げました。

しかし、初めは売れませんでした。仕組みがわかりにくく、ややこしい。そのうえ「子供を巻き込むなだ」というので、コンビニなどで売れば一番売れるのに、「それはダメ」ということになりました。当時、Jリーグの仕組みが一番わかっていたのは、いち早くサッカーファンになった子供たちでしたが、子供を巻き込むな、対面販売をしろ、競馬でやっているような電話や機械での販売もダメで、大人が自分で買いに行け、と言うのです。

それで、当然のことながら、「売れない、当たらない」となって、だんだん赤字も増えてきました。とうとう「もう止めよう」ということになり、私も「赤字が小さい今のうちに、止めよう」と思いました。

そのとき、当時の文部省（現文部科学省）のスポーツ体育局長だったか、スポーツ局長だったかが、「わかりました。しかし、止めるなら、思いきって最後に仕掛けをしてみたい」と言って、例のＢＩＧというのを始めました。当たると最高六億円というやつです。そうしたら、売れ出した。そして、今や最低でも年間一千億円は売れるという時代になりました。

今、学校のグラウンドを芝生にするとか、自治体でグラウンドを造るといったとき、このお金が補助金として生かされていて、全国でけっこうグラウンドが整備されてきました。田舎の学校にもナイター設備ができ、夜でもスポーツができるようになりました。

こうしてスポーツ施設が充実してくると同時に、サッカー、野球、その他のいろいろなスポーツが盛んになってきたのですが、残念ながら、ラグビーはなかなか盛んになりませんでした。

そこで、次の起爆剤にと考え出したのが、ラグビーＷ杯の日本への招致でした。

第三章

ラグビーW杯の招致と期待

大西先生からの手紙

早大ラグビー部を辞めてから、私は政治家になり、文教政策に力を注いできましたが、直接スポーツ界と関わることはありませんでした。しかし、その間ずっと、何となく後ろめたさを感じていました。子供の頃からラグビー、ラグビー、ラグビー、しかも「早稲田のラグビー、早稲田のラグビー」と言っていながら、早稲田のラグビーを入口のところで断念してしまった、という後ろめたさです。一つには、父に済まないと思ったことがありますが、もう一つは、大西先生をはじめとした皆さんに申し訳ないという気持ちです。大西先生から、「何かラグビーのために恩返しをしたらいいじゃないか、ラグビーの連中を見返してやればいいじゃないか」と言われたのが、ずっと心に残っていました。

あるとき、そういう私のもとに大西先生から手紙が来ました。国会議員になってしばらくした頃でした。

手紙は、ある人物の紹介でした。

「森君、君と同じような人物が一人、官界にいる。早稲田のラグビー部にいた奥（克彦）という男だ。これは花園にも出た男で、選手として将来を有望視されていたのだが、どうしても外交官になりたい、という本人のたっての気持ちがあって、ラグビーを辞めることになった。だから、自分としては、ラグビーも大事だが、奥君の希望、理想をかなえてやることは教育者としても大事だ、と考え、喜んで彼を送り出した。しかし彼が、ものすごく自責の念にかられているみたいだったから、おまえの先輩に森というのがいる。何かあれば世話になれ、相談しろと言っておいた」

大体そういった内容でした。外務省に入った奥君は今、派遣されてオックスフォードに留学し、そこでラグビーをやっているはずだから、外務大臣にも話し、彼のことをよろしく頼む、というようなことでした。

それで奥君という男の存在を知り、私の属していた清和会の会長で兄貴分の安倍晋太郎さんがちょうど外務大臣のときでしたから、その旨を話しておきましたが、本当に奥君と親しくなったのは、その後、二〇〇〇（平成十二）年に私が総理になってからです。

そのとき、彼は外務省の国連政策課長というポストにつきました。国連政策課長は、国連の動きをしょっちゅう官邸に知らせにきます。官邸というのは面白いところで、総理に直に会う役人は局長以上です。課長が官邸の総理執務室へ入ってくる場合は、通常、次官か局長が一緒で、課長だけで入ってくることは絶対ないのですが、奥君だけは自由に入ってきました。「総理、奥でーす」と言って、秘書官があっけにとられているうちに、ポンと入ってきてしまうのです。それが当たり前のようになってしまった。当時、外務省から来ていた私の秘書官は佐々江（賢一郎）君（現アメリカ特命全権大使）でしたが、彼も「しようがない。あいつだけは総理とダイレクトでやるしかない」と諦めてしまいました。

そんなふうでしたから奥君は、毎日、次のお客さんを総理執務室に入れる前にちょっと間があると、パッと私のもとに入ってきました。入ってきて報告するのは、国連のことなど一割くらいしかなく、あとはラグビーの話です。

「絶対にラグビーW杯（ワールドカップ）を日本に招致しましょう。今がチャンスです。私はこういう仕事をしているし、先生は総理の立場だから、このチャンスを逃しちゃダメだ」

と言うのです。彼の情熱というのはすごかった。

私が総理を辞めたとき、彼は「もう外務省にいても面白くないから、またどこかへ出たい。もういっぺんイギリスへ行かせてください」と言ってきました。それで、私は外務省の幹部に、「もういっぺんイギリスへ行きたいらしいから、行かせてあげよう」と言い、その結果、イギリスに参事官（のち公使）で行きました。

非業の死

彼がイギリスへ行ったのは、向こうで徹底的にラグビーW杯の招致工作をするためです。IRB（国際ラグビーボード：現ワールドラグビー）の本部はアイルランドのダブリンにあり、IRBの主な幹部やボスは、ほとんどがイギリス人でした。奥君から情報を入れてもらって、私も招致工作に動き始めました。

ところが二〇〇二年、突然帰国した彼が、また私のところへやって来ました。

「先輩、申し訳ないけれど、私をイラクへやってください」

「なんでイラクに行くんだ？」

「仕事でバグダッドへ行ってみたら、旗は立っているけれど、日本大使館に外交官が一人もいません。こんな国はどこにもありません。どの国も、あの危ない中にも大使がいて仕事をしています。苦しんでいる子供たちがいる、食べ物がない、爆弾も落ちるという状況下、各国の大使館の外交官はすぐ飛んで行ってあれこれ対策を取っているのに、日本の外交官は誰もおらず、何もやっていません。これは自分でも恥ずかしかった。あの子供たちの目を見ていると、今に平和になったときに、日本は何もしてくれなかった、日本は誰も来てくれなかった、という記憶を残すに違いありません。そういう印象を与えることは、外交上、非常にマイナスです。だから、誰も行かないなら、せめて私が行けばいいと思うのです」

確か湾岸戦争のとき、お金で日本は協力したけれど、戦争が終わってクウェートが感謝の広告を出した際、日本の国旗を出さなかったことがありました。だから、金を出しているだけでは、助けてくれたという認識はないのです。日本の外務省は、警官や自衛隊員からなる治安維持隊のようなものはもとより、安全が保障されている普通の外交官さえ引き揚げさせていたのです。

奥君はそういう実態を見て、感じることがあったのでしょう。だが、そのことが結果として、凶弾を呼び寄せてしまいました。

私が「そんなこと、できるのか？」と聞くと、彼は「長期出張という形を取ればいいんです。イギリスの大使館から長期出張でイラクへ派遣されている、というふうにしてくれたら、私は行きやすいんです」と言います。それで、「あまりいいことではないとは思うが、頼んでみよう」と外務省に頼んだら、そういう形にしてくれました。

私は非常に責任を感じています。バグダッドに行かせなければ、奥君は死なずに済んだのです。だけど、奥君が「たって頼む」と言うから、彼の正義感みたいなものに私も負けてしまいました。

そうしたら、心配していたとおり、翌二〇〇三年の十一月二十九日、彼の乗った車が襲われてしまいました。バグダッド郊外のティクリートというところで、同行した井ノ上正盛書記官と運転手も、一緒に射殺されました。犯人はわかりません。なぜ殺されたのかも、本当のところはわかりません。

後で報告を聞くと、奥君は外務省に生々しいレターをどんどん送ってきたそうです。それと同時に、同じ分量のメールを早稲田のラグビー部にも送っていました。そのときの早稲田の監督が清宮（克幸）君で、私にそのメールを見せてくれました。

奥君を追悼するために早稲田大学に集まったとき、みんな号泣しました。奥君の死というのは、早稲田のラグビー部にとっては、歴史的な大きなショックでした。

私はそれを傍らで見ながら、行かせてくれと言うから送ったのだけれど、彼を向こうへやった責任を感じざるを得ませんでした。

招致の先頭に立つ

奥君の死は、彼がやりたがっていたW杯招致を代わりに成功させなければいけない、と私を本気にさせました。

奥君の死の少し前、二〇〇三年の十月から十一月にかけ、オーストラリアでラグビーW杯がありました。そのとき、私はまだラグビー協会の役員にもなっていなかったのですが、ラグビー協会の真下《ましも》（昇）専務理事から、シドニーまで町井（徹郎）会長（当時、東芝顧問）に同行してくれないかと頼まれました。

「今度、向こうでIRBの幹部と会います。一応非公式の場ですが、その場で日本でW杯を開催したいという意思表示をするつもりです。町井会長一人だけでは不安だから、森先生、ついて行ってもらえませんか」

この話を受けて私もついて行ったのですが、シドニーで幹部と会っている町井さんを見ていると、何となく元気がありません。「どうも元気がないなあ。はっきりしないなあ」と思い、向こうの連中も何か怪訝《けげん》そうな顔をしていたので、私は町井さんの援護射撃として、続けて発言しました。

「初めてのことで、ためらいもあって、会長の発言は少し元気がないですが、ぜひW杯を日本に回してほしい」

そうして、とにかく意思表示だけして日本に帰ってきたのですが、その後、町井さんは亡くなられました。ガンだったのです。ガンを押してシドニーに出かけられていたの

日英親善国会議員ラグビー試合（1998年10月10日、秩父宮ラグビー場）で奮闘する筆者。

です。

それで、奥君、町井さんの二人にW杯招致を託されたような気持ちになり、これはすべて私が引き受けなければならないと、覚悟を決めました。

亡くなった町井さんの後のラグビー協会会長を誰にするか、暫定の会長代理をしていた早稲田の先輩である日比野（弘）さんが、選考委員長になって人選を進めていました。内規で、就任時に七十歳以上だと会長には就けないことになっていました。七十歳前に会長になっていればいいのです。そういうことがあって、日比野さんが私のところに話を持ってきました。

「いろいろと協議した結果、森さん、あなたしかいない。ひとつ頼むよ」

「いや、今さらラグビー協会の会長というわけにいきません。私には戦歴もないし、応援団みたいなものです」

「W杯の招致があるじゃないですか。これはどうしてもあなたが先頭に立ってやってくれないと、国も動かないし、ラグビー協会も動きません」

こういう話でおだてられ、二〇〇五年六月に会長にされてしまいました。六十八歳のときでした。

じつはその二カ月前に、日本体育協会会長にもなっています。スポーツ政策に詳しいし、熱心だったということもあって、体育協会会長選考の専門委員たちの皆さんが相談し、私の名前を挙げました。本当は陸連会長を長く続けてこられた河野洋平さんだったと思うのですが、河野さんはちょうど肝臓移植の手術を受けたところでした。それで、河野さん自身が私のところに来られました。

「森さん、そういう話があるが、あなたが受けてくれないか」

「いや、あなたがやればいいでしょう」

「いや、私は体が無理で外国に行けないんですよ。頼む、森さん受けてくれ」

こうして私は体協の会長になり、スポーツ界全体に具体的に入っていくことになりました。それまでは政治家として見ていたけれども、そこで初めてインサイドに入ること

ノーサイド後、お互いの健闘を称え合う。

になった。

そうこうしているうちに、今度はラグビー協会から、「W杯を呼ぶのはあなたしかいない。会長になってほしい」と話が来たわけです。両方やれるかなと思って日比野さんに相談したら、「それは構いません。体さえ大丈夫ならやってください」ということだったので、ラグビー協会の会長も引き受けることになったのです。そして、本格的にW杯の誘致運動を始めました。

ラグビーの組織団体というのは、特に国際ラグビーボードというのは、保守の頑迷《がんめい》固《こ》陋《ろう》の連中がやっています。

世界の三大スポーツイベントというのは、オリンピックとラグビーW杯とサッカーW杯と言われています。特にラグビーを愛好する層は、階級社会のイギリスでも上流のほうで、ラグビーの組織団体の幹部には、とにかく「サー」が多い。この「サー」が、「W杯を日本が開催？　何を偉そうなことを言ってくるのかね」という感じで、さめた目で見ているわけです。

「日本には、五万人から八万人を収容するスタジアムはいくつある？　ラグビー人口は何万人だ？　毎試合、観衆はどのくらいいるのかね？」

なにかというと、そういう痛いところを突いてきて、日本でもラグビーをやっていたのかみたいな、ラグビー弱小国というかラグビー後進国扱いをするのです。

しかし、じつを言うと日本のラグビーの歴史は非常に長くて、百二十年くらいあります。だから、日本のスポーツ界の中ではもう老舗中の老舗です。神宮外苑にある秩父宮ラグビー場は、皇族のお名前をもらっています。だから、日本のラグビーも、イギリスほどではないけれど、やはり特別な感じがあるのですが、国際ラグビーボードに行って、「日本には百二十年の伝統がある」と言っても、笑いでごまかされてしまいます。

イギリスは、オリンピックのときは一国として、大英帝国（ユナイテッド・キングダム）として出場するのに、サッカーとラグビーのときだけは、イングランド、アイルランド、スコットランド、ウェールズという四つの国で出場します。そんな特権を平気でラグビーの世界は認めているわけです。

たしかに歴史的に見れば、ラグビーの盛んな国というのは、カナダ、オーストラリア、ニュージーランド、フィジー、トンガ、南アフリカなど、ほとんどが旧英国領です。イギリスの支配下でラグビーをやっていた。そういう背景があるから、ラグビーの世界では、いまだにイギリスが主流派です。

不公平なんてものじゃない。その甚だしい例が、ＩＲＢの理事会でイギリスをはじめ旧英連邦系が、みな投票権を二票持っていることです。植民地時代に英連邦の中だけでやっていた大会ならいざ知らず、民主化され、自由と平等を標榜する国際社会の中でこんなことがまかり通っていて、誰もおかしいと言わない。一種独特の貴族社会みたいなところが残っているのです。

これを直さなければ、ラグビーという素晴らしいスポーツのこれ以上の発展はないと思って、私は風穴を開ける覚悟をしました。それには、日本がラグビーW杯の開催権を取らなければならない。そういう思いがあって、二〇一一年のW杯開催権を得るために、いろいろと運動を始めました。しかし結果は、ニュージーランドに二票差で負けました。

しかし、負けてこのまま引き下がったのでは、「善戦しましたね」で終わって何も変わらない。そこで、意を決してＩＲＢの会長に面会を求めました。

国際ラグビーボード会長に一席ぶつ

会長も「何だろう?」と思ったでしょうが、丁重に受けてくれました。それで私もせっかくの機会だから思い切って言いました。

「私は、ラグビーほど素晴らしいスポーツはないと思っています。その素晴らしさは、なんと言ってもノーサイドであるとか、ワン・フォア・オール、オール・フォア・ワンという、一人はみんなのために、みんなは一人のために頑張るんだ、というラグビーの根本精神にあります。この精神こそ、理想的な人間社会を作るうえで最も大事な精神だと思います。責任感、闘争心、協調性、自立心、自己犠牲の精神などなど、何を養うにしても、ラグビーというスポーツほど適したものはない。まさに人間社会のバランスをとっていくためには最も素晴らしいスポーツです。だから、好まれて、多くの国でやっている。

しかし、肝心のあなた方がやっていることは何ですか。バランスがまったくとれていないではないですか。国連を見てみなさい。十何億人の中国やインドも、何億人のアメリカやロシアも一票なら、フィジーもトンガもみな同じ一票です。なんでラグビーでは、あなた方のところだけが二票持ち、日本やイタリアは一票なんですか。

ラグビーの一番の特徴は、ボールをパスしていくということではないんですか。それなのにあなた方は、自分の仲間にしかパスをしていない。こんな世界がどこにありますか？　もっと広く広げましょう。ヨーロッパの一部だけで楽しむのではなく、アメリカにもロシアにも、世界中にこの素晴らしいスポーツを広めましょう。そして、アジアで一番古い伝統を持っている日本に、まず最初にボールをパスしてください。アジアでも、ラグビーをやっている国は三十八カ国くらいあります。そういう国々のラグビー仲間も将来の希望が持てるようになり、一層の発展が見込めるようになるのです」

そういう自分なりの大演説をぶって、最後にこう言いました。

「それがわからないようなら、ラグビーなんて、将来、廃《すた》れるだけの話です」

これがイギリスの新聞に出ました。森の説が正しい、ラグビーを世界にオープンにしろ、という論調でかなり大きく取り上げられ、イギリスのスポーツ界で話題になりました。

そこからＩＲＢのほうもやや反省をし、真面目に日本をW杯開催国として考えるようになってきたのです。

ニュージーランドが使った手

二〇一一年のW杯開催権は、ニュージーランドに取られましたが、運動をしてみてわかったことがあります。結局それぞれの国の協会は、マネジメントというか経営事情で行動しているのです。

名誉のために名前は言えませんが、ある国の協会は、うちのスタジアムにトヨタのネーミングがほしい、「レクサススタジアム」にしたい、年間十億円くらいを十年間くらい続けてくれないか、と言ってきました。そうしてくれたらうちの二票を渡す、と言うのです。いわゆるネーミングライツというやつです。それで、「わかった。すぐには結論を出さないでくれ」と言い、一緒に行った専務理事はロンドンに残し、急遽私だけ日本に帰って、トヨタの奥田（碩《ひろし》）会長（当時）に交渉に行きました。

「それはちょっと高い話だなあ。いくらトヨタでも、今ここであなたにオッケーを出すようなワンマンなことはできない。ちょっと考えさせてください」

「だけど、もう時間がない。私が明日行かないと、その二票を失うんです」

「まあ、適当に言えばいいじゃないですか。五年間だとか、五億円くらいだとか」

ラグビーワールドカップ日本開催決定の報を受けて喜びの会見、祝杯をあげる（2009年7月29日）。左端は岡本武勝事務局長、筆者の左は和田文男副会長、右は大畑大介選手。© JRFU

「いいんですか？」

「勝手に言やあいいですよ。あとの五年間は、東芝とかサントリーにでもやらせたらいい」

こういう奥田さんの豪快な話もあって、私は急いでまたロンドンに帰り、そのある国の役員が泊まっているホテルに行きました。ところが、その役員は居留守を使って会おうとしません。じつは、前の日にニュージーランドと話がついてしまっていたのです。

トヨタのような企業がないニュージーランドは、こういう手を使ったのです。

世界最高のチームという栄誉は、ニュージーランドのオールブラックスとオーストラリアのワラビーズがシェアしていて、この二チームが試合に出ると、スタジアムは超満員になります。ニュージーランドは、そういうオールブラックスを件《くだん》の「ある国」に遠征させて試合をし、その売り上げを全部「ある国」の協会へ寄付することにしました。キャッシュで三億円くらいになるのだそうです。結局、それに負けたのです。怒り心頭に発しました。「表では理想ばっかり言ってやがって、こいつら」と思いました。

こうして二票差で負けたのですが、そうなると、いよいよ引くわけにいきません。多くのラグビーファンの期待も大きく、次こそはと、気合が入りました。

しかし、次のニュージーランド大会のあたりから、二〇一九年のラグビーW杯日本開催の流れがほぼ確実になりました。それで、どうやらラグビーに恩返しができたかな、と思いました。

ラグビー関係者やスポーツ界の事情を知る人は、よく開催権をとったなあ、と驚きをもって受け止めてくれたし、アジアの国々も非常に喜んでくれました。それで、組織委員会を作り国を挙げてやってもらわなければいけないので、閣議の了解も取り、いろいろと準備を始めました。

ラグビーで地域振興・震災復興

一般の人たちにとってラグビーW杯は、あまり馴染みがないイベントでしょうから、開催すると何がいいのか、わかりにくいかもしれません。誰が見に行くのか、金がかかるだけではないか、と疑問に思う人もいるかもしれません。

しかし、それはラグビーの良さがきちんと知られていないからです。だから、そこのところを、これからもっと広めなければなりません。

前にも述べたように、日本のラグビーには百二十年の歴史があり、非常に古い。競技人口も、少なくはない。体力的なことや何やで弱かったけれども、これくらいやって面白いスポーツはないし、見て面白いスポーツもありません。人間形成にこれほど役立つスポーツもないでしょう。

ただ、これまでなかなか広まりませんでした。原因はいろいろありますが、いずれにせよ、これを広めるには、奥君が日本招致を熱望したように、W杯をやるのが一番なのです。

W杯を日本でやると何がいいのか。

Ｗ杯は全国十二の都市で行なうので、それぞれの都市に世界中から、少なくとも三万人から四万人の観客が来ます。決勝戦や開幕試合だと、最低五万人から六万人来るでしょう。それには、それだけの観客が入る競技場を日本中に造らなければなりません。Ｗ杯のおかげで日本中にきちんとしたラグビー場ができるのです。もちろんそれは、サッカーにも利用したらいい。

Ｗ杯が来るとなれば、ラグビーに熱中する県がいっぱい出てきます。事実、いろいろな動きがあります。

例えば、大阪には近鉄が所有していた花園ラグビー場があります。ここでＷ杯をやるには、百億円以上のカネをかけて改修しないといけないのですが、近鉄という民間が持つ資産に、国や大阪府や市が公的なお金を出すわけにはいきませんでした。それで東大阪市の市長は、「どうしてもＷ杯をやりたい。花園はラグビーの町だ」と、花園ラグビー場を約四十五億円で買い取りました。そこまでして花園を守った。立派だったと思います。

近鉄も、それなりに協力はしてくれました。けれども、経営的に苦しくなれば、どういうことになっていたか。じつは、近鉄は一度、住宅地にでもしようと思ったのか、花園を売りに出したことがあります。それを聞いて私は、ひどく腹が立ちました。それで、ちょうど私が自民党の幹事長をしていたときだったのですが、知事も市民もみんな呼んで、花園のスタンドで大演説をしました。

「恥ずかしくないのでしょうか。阪神がおかしくなっても、甲子園は潰しませんでした。それは全国の子供たち、野球少年の憧れの地だからです。それにひきかえ、ラグビーは何でしょう。近鉄が売ってしまうことを簡単に了とするのですか。もっと大阪のラグビーファンは、しっかりしなければなりません」

その花園を買ったのですから、ほんとに市は偉いと思うし、市民も議会も偉いと思います。だから、何としても応援してあげなければいけないと思っています。

関西ではそのほか、神戸に、神戸製鋼があるのでけっこういいグラウンドがあります。

九州では、博多にいいグラウンドがあります。小倉も今、ぜひW杯をやりたいと、ラグビー場を造っているのですが、残念ながら同じ県の二カ所でやるわけにはいかないので、小倉には締めてもらいました。また、熊本、大分も立候補し、鹿児島も長崎も手を上げていましたが、九州ばかり多くなるので、結局、博多以外では熊本と大分だけ入れました。

関東では熊谷もラグビーの町で、ラグビーのできるグラウンドが何面もあります。ただ、やりたいけれども、市ではなかなかできないというので、埼玉県の上田（清司《きよし》）知事が、「県で応援しよう」と言い、百何十億円をかけ、県がスタンドの増設をしてくれることになりました。

横浜は、市長があまり興味を示さなかったけれど、黒岩（祐治）知事が「逃げることはない。横浜でやろう」と言って、横浜の日産スタジアムを立派なものにしてくれます。結局この横浜で、決勝戦と準決勝戦をやることになりました。

釜石は真っ先に手を挙げました。かつて新日鐵釜石のラグビーチームは、全日本を七連覇して社会人の雄と言われました。その後、新日鐵が工場を縮小したあおりを受け、ラグビーチームも廃部になりましたが、ラグビーの好きな人たちとOBたちが、クラブチーム「釜石シーウェイブス」を作ってやっています。まだトップリーグのAクラスには入れないけれど、Bクラスの上のほうにいます。そうしたことがあって釜石は、小さな町だけれども、ラグビー好きが多いラグビーの町です。ラグビーの試合があると、みんな大漁旗を振って応援し、町中挙げてラグビーを楽しみます。

私は釜石市長から嘆願されました。

「ぜひ釜石でW杯をやってください。津波の被害からまだ復興半ばだし、カネも何もありません。だけど、この町にはラグビーが必要なのです」

入江の奥の壁のように立つ崖の前に、市長は私を案内しました。私は不審に思って聞きました。

「何でここへ来たんですか」

「こういうところには津波が来ない、とみんな信じていました。だから、ここへ逃げ込んだのですが、そこへ津波が襲って来ました。それで、八百人がここで死にました」

崖の上に、高速道路に入る県道があり、そこまでは二十メートルくらいの高さでした。津波が来たとき、若者や子供たちは、崖にしがみついてそこまで登りました。そうして登った人だけが助かり、登れずに下にいた八百人が死んだのだそうです。市長はそのことを涙ながらに語り、私はもらい泣きしました。

「この八百人の方の霊を慰めるには、森先生、ラグビーしかないんです。ここにラグビー場を造ってください。そしてここでW杯をやってください」

私はそのとき、そんな権限は何もなかったのだけれど、ラグビー協会会長という立場で行っていたので、「わかりました。何とかしましょう」と、市長に答えてしまいました。

どんなことがあっても釜石は入れてやろうと思ったのですが、初めはどこもけんもほろろでした。しかし次第に、グラウンドの基礎は復興庁がカネを出そうとか、みんながいろいろな知恵を出してくれるようになり、達増《たっそ》（拓也）知事も「何とかしよう」と努力してくれたので、今、一万四、五千人くらい入れるような、まあまあのラグビー場を造るための足がかりができてきました。

こんなふうに、地方はラグビーを中心に盛り上がってきていて、いくつものドラマが生まれています。W杯が行なわれれば、世界から日本に三十万人から四十万人の観客が来ますから、地方はきっと盛り上がります。

それに、開催地だけでなく、合宿所にも人が来ます。例えば、長野の菅平《すがだいら》、北海道の網走や北見などにいいグラウンドがたくさんあるので、そうしたラグビー選手の合宿所には、外国の選手が大勢来るでしょう。

私が今、一番期待しているのは釜石です。今あるラグビー場は、二千人くらいしか収容できないけれど、ラグビー人気が、二〇一五年のイングランドW杯での対南ア戦勝利で高まっているので、盛り上がると思うのです。釜石の人たちも、それで勇気が出てくるでしょう。

日本には、いろいろなところに競技場がありますが、ほとんどは県営の陸上競技場で、その真ん中の芝生のところをサッカーとラグビーが使うというかたちです。サッカーだけの専用競技場はけっこうできているけれど、専用のラグビー場はほとんどありません。

せめて、サッカーとラグビーの共用の競技場も造ってほしいものです。

陸上競技にはほとんど観客が入らないので、競技場のこけら落としでは、結局ラグビーやサッカーをやることになります。それに、陸上競技の大会など、一年間に何度もあるものではありません。だから、多目的の陸上競技場よりも、臨場感があって観客を喜ばせるサッカーやラグビー場を造ったほうが、その地方のためになるのです。それと同時に、ラグビーのファンが増え、ラグビーへの理解が深まっていきます。

今言ったように、イングランドW杯で二〇一五年、対南ア戦勝利という成績を挙げ、ラグビー熱が高まりました。そのラグビー熱を冷まさずに、二年後のラグビーW杯日本開催まで繋げれば、日本中が大きな賑わいになるはずです。それを経て翌年、オリンピックへと繋ぐのです。

こうしてスポーツで日本の国を盛り上げ、日本の力をつけ、復興をやり遂げるのです。熊本でも地震があったけれども、幸いあそこでW杯をやりますから、みんなで元気を出して世界中に見てもらいましょう。スポーツは地域振興の大きな担い手として期待できるのではないかと思います。

ただ、それには、まだまだ改革が必要です。

協会は体質を変えるべし

日本のラグビー協会の改革には、私なりに努力してきました。今、会長は岡村さんにやってもらっているわけですが、この前のW杯（二〇一五年イングランド大会）の後の、スコットランド代表との親善試合（二〇一六年六月二十五日、味の素スタジアム）では、正式のヘッドコーチがまだ就任していないとか、ケガをした代表選手五人の代わりの選手が育っていないとか、いろいろと不備が多かった。結局、しっかりしたゼネラルマネージャーがいないということです。広報体制もまだまだです。

このままでは、二〇一九年のラグビーW杯が心配です。

私は、あのイングランドW杯での大健闘はいったん忘れ、すべてゼロからスタートさせなければダメだと思っています。例えば、あのとき活躍した選手も、二〇一九年には、みんな三十歳を超えてしまいます。ピークというのは体力的に三十歳か、せいぜい三十一歳です。

スコットランドとの親善試合でも、五郎丸（歩）君たちがケガで出られないと、もう走れない。大体彼らがなぜケガをしたのかというと、W杯が終わってから、それぞれが外国のプロのチームに入ったりしたからです。

あるいは、日本のプロがサンウルブズというチームを組んだのはいいとしても、それを長期的なきちんとした視野で運営できる体制にはなっていません。サンウルブズは、私に言わせるとイングランドW杯の同級生の集まりです。あのときの連中だけでやっている。それでは役に立ちません。それよりも、二〇一九年に向け、今の大学生やトップリーグの若手の連中を入れて外国の連中とぶつからせ、鍛えていかなければなりません。外国の強豪にぶつかったら、ケガをするでしょうし、壊されるでしょうが、そこから強いものにしていかなければならない。しかし、そういう育成計画が一つもできていないのです。

そんなサンウルブズが、南半球で最高のリーグと言われるスーパーラグビー（南ア、オーストラリア、ニュージーランド、アルゼンチン、日本）に参加して負けに負けました。一勝しかできなくて、せっかくW杯で盛り上がったラグビーブームに水を差してしまいました。あんな無様なものを見せられたら、「ああ、またか」ということになってしまいます。

スコットランド代表チームとのテストマッチを企画したのなら、そこにすべてを集中させないといけません。私は、スコットランドとのテストマッチの前に、五郎丸君に言いました。

「君は、その試合に選ばれたんだろう。それなら、その前のつまらない試合には出るな。ケガをしたら、どうしようもないぞ。天覧試合になるのだから、ケガをしないでくれよ」

ところが、直前にオーストラリアの所属チームから試合に出て、ケガをして三カ月はプレーできなくなりました。そういうふうに、みんなが自分勝手になってしまっています。

そこが今の日本のラグビー界全体の問題なのです。協会の会長や指導部が、選手の指導・管理をできるかといったら難しい。大学生は大学に所属し、トップリーグの選手は、キヤノンだとか東芝とかトヨタとかいった会社に所属しています。そして、会社の社員のままのもいれば、会社とプロ契約をしているのもいる。その連中は、協会の言うことを必ずしも聞きません。

このあたりのことをこれからどうするか、チームを抱える企業と協会の関係をどうするか、充分考えなければいけません。

私は会長を辞めたあと（二〇一五年六月辞任）、ある日の理事会を後ろに立って見ていたことがあります。「席に着いてください」と言われたけれど、「辞めた者は席に着けないから、立っている」と言って、後ろでじっと見ていたのです。理事会が終わったとき、「終わりましたね。終わったら公式じゃないから、私に少し発言させてくれ」と、本当は言いたくはなかったのだけれど、発言の許可を求めました。言いたいことはいくつかありました。一つは協会の借金体制が直ってないことです。

「また今年も、スタートから借金体制です。こんなことは、公益財団法人としてあり得ないことです。前回も大きな借金ができ、結局、穴埋めをしたのは私でした。財界にご協力いただき、三年間かけて借金を返した。それなのに今年、また赤字が出ている。これはいったいどういうことですか」

これはじつは、サンウルブズに金が行っているのです。それで、上がりから何パーセント返す、といった契約をしているのかと聞いたら、していない。サンウルブズとの契約がどうなっているのかも、はっきりしません。

大体私は、サンウルブズを作ることには反対でした。ところが、理事会で正式な議題にならないうちに、矢部（達三）専務理事（当時）が契約してしまいました。その契約書は会長である私と交わしたことになっています。ところが、私はその契約書を見た覚えがないのです。だから、私は言いました。

「これは問題だよ、矢部君。それだけのことをやっていながら、君が副会長で残り、サンウルブズの代表をほかの人にやらせているのは、おかしい。君がサンウルブズの代表をやりなさい。そして、協会の副会長を辞めなさい。それで、サンウルブズとの契約の責任を取って、少しでもいいから利益は協会へ返してくれ。それだけみんなの前で約束しなさい。そうしないんだったら、もう辞めなさい」

矢部君は早稲田の後輩だから、こう言うのはいやだったけれど、「君が副会長をしている限り、私はもうこの協会には来ないから」と言っておきました。彼には、ヘッドコーチだったエディー（・ジョーンズ）との契約の件もあります。そうしたら矢部君は、一言の説明もなければ挨拶もないまま、いつの間にかいなくなりました（注：矢部達三氏は二〇一六年三月、ラグビー協会副会長を辞任、サンウルブズの運営団体である一般社団法人ジャパンエスアールの理事も辞任）。

ヘッドコーチのエディーのこと

ヘッドコーチだったエディーについても、言っておかなければならないことがあります。

エディーはまさに、ラグビーに関しては最高のコーチです。日本チームをあそこまで伸ばし、今はイングランドのヘッドコーチです。イングランドは二〇一五年、W杯を開催しながら、予選リーグ二勝二敗で決勝トーナメントに進めなかったので、大改革をし、エディーを引き抜いていきました。

しかし、じつはエディーについては、私は怒り心頭です。

イングランドW杯に行く前に彼といろいろな話をしたとき、彼が「長期契約を結んでくれ」と言うので、二〇一九年の日本開催W杯までの長期契約を結びました。彼の条件も全部聞いて、あらゆることをしてあげたのです。そして、二期目の契約の話がまとまった日、中に入ったエージェントが「ごちそうしてくれ」と言うから、一緒に寿司を食べにいき、けっこう飲み、握手をし、「W杯はとにかく頑張ってくれ」と頼みました。

ところが、W杯でいい成績をあげて帰ってきたと思ったら、「ちょっと南アフリカに行きたい」と言い出しました。南アに何をしに行くのかな、と疑問に感じたのですが、「コーチを頼まれたから、ともかく南アに行く」と言うのです。そうこうしているうちに、イギリスとヘッドコーチの契約を交わした、という話が飛び込んできました。

「何だろう、こいつは？」と思いました。しかも、あれだけ固く握手をして別れたのに、一回も私のところに挨拶に来ません。当時、まだ日本のラグビー協会会長であった私に対し、何の挨拶もないのです。日本にコソコソ帰ってきてはいるのです。でも、一回も協会に来たこともなければ、私に「申し訳なかった」という釈明もない。

ラグビーのコーチとしては最高の人なのでしょう。それは私も認めます。だから、彼の身体のことも心配し、自由に動けるように通訳から何から、いろいろな人を全部付け、もうこれ以上はないという条件にまでしていたのに、平気でコロリと変わって、いいところへ飛んでいく。

ラグビー王国イングランドのヘッドコーチに招かれたら、それは行くでしょう。だけど、日本人の感情から言うと、一言「申し訳なかった」とか、「こういうことになったので、勘弁してくれ」と言ってほしい。そう言われたら、私もわからないではない。人がいい道を選ぶことを妨げたくはありません。

しかし、後ろ足で砂をかけて知らん顔というのは、私は今もって釈然としません。結局、素晴らしいコーチで、素晴らしいラガーマンだと言うけれども、彼はほんとのラガーマンの体質は持っていないのだと思います。

とはいえ、日本代表が南アに勝ったおかげで、コーチは誰だ、エディー・ジョーンズだ、ということで大変な人気になりましたから、そういう人に今、我々が何か言ってもみっともない話だから、あまり言わないようにしているのです。

ただし、エディーとどういう契約を交わしていたのかについては、問題が残ります。矢部君が担当していたのだけれども、そのあたりのことについては、彼は何も言わないのです。おかしな話です。エディー人気に水を差したくはないけれど、私としては、こうして記録として残しておきたいという気持ちがあります。【二〇二〇年追記：二〇一九年のW杯決勝戦でイングランドは南アに負けました。その後の表彰式でイングランド監督のエディーが準優勝のメダルを首からはずし、ポケットに入れて退場する場面がありました。】

二〇一九年W杯の組織委員会はしっかりしているので、準備や運営についてはあまり心配していないのですが、選手の強化は組織委員会の仕事ではありません。これは協会がやらなければどうにもならないのだけれど、前にも触れたように、個々の選手のマネジメントにはなかなか厳しいものがあります。

専用ラグビー場を造ろう

今は、オリンピックのほうに専念しなければなりませんから、ラグビーのことにはかまっていられないのだけれども、そのオリンピックのメイン会場になる国立競技場のことで、日本国内が揉めていると見て、南アが「日本がトラブるなら、うちがやってもいいですよ」と裏で工作してきました。南アだけではなく、イタリアも、フランスも、日本がごたごたしているならこっちでやるぞと、チャンスをうかがっています。四年に一回の大きなイベントなので、やっぱり日本にやらせたくないのです。

フランスは二〇〇七年に開催したばかりなのに、あのとき成績が悪かったから、またやりたがっています。

南アはマンデラ大統領のとき、W杯を開催するために大きな競技場をいくつも造りました。ところが、その後一度もW杯の開催がないので、競技場は閑古鳥が鳴いています。南アのラグビー協会の幹部は「W杯を持ってこないと、みんなクビだ」と政府から言われているくらいだから、隙あらば開催権を日本から南アに持ってこようと思っています。サッカーを早くからやっていることもあって、さすがにイタリアには、四、五万人収容の競技場がいくらでもあります。

日本では、専用のラグビー場というのはやっと一つか二つで、あとは全部、陸上競技場の中でやるわけですから、そこが弱い。そのうえ、メイン会場とされた国立競技場が二〇一九年までに完成しないとなると、南アらにはチャンスですから、だったらこっちでやりますよ、となるのです。

何度も言うようですが、私は別に、W杯のメイン会場は国立競技場でなくてもいいと思っていました。ただ、オリンピックに合わせて国立競技場を新設するというから、間に合うならそこでやるのもいい、と思っていただけで、そもそもは日産スタジアムを考えていたのです。それなのに、私がラグビーに使うために新国立競技場建設を急がせたとか、設計案の決定に干渉したとかいう報道が流されました。しかし、国立競技場は国が造るのであって、担当は文部科学省です。オリンピック組織委員会は、その建設には何の関わりもない。もちろん、ラグビー協会も関わりのないことです。

ただ、この間、スコットランドとのテストマッチを味スタ（味の素スタジアム）で見たけれども、客席からいかにも選手が遠い。背番号も見えない。あれでは迫力が感じられません。臨場感が全然ないのです。

だから、ラグビー専用のスタジアムが欲しい。サッカー場はけっこうできているのですが、なかなかラグビー場はできません。この間も大阪で、ラグビーとサッカーの共用スタジアムを造るということで資金を集めたのにもかかわらず、市長が「ラグビーなんかは関係あらへん。サッカーでいきまひょ」などと言って、ラグビーの関係者のほうが資金は出しているのに、国（日本スポーツ振興センター：ＪＳＣ）も、ラグビーとの共用だということで三十億円も補助金を出したのに、専用サッカー場にしてしまいました。

国立競技場も、陸上競技のトラックの真ん中に芝のピッチを造るというから、どこにでもあるような競技場になってしまうでしょう。

第四章

マスコミにあれこれ書かれたけれど

かえって政治不信を拡大

私はこれまで、新聞、週刊誌、月刊誌、テレビのニュースやワイドショーなどで、ずいぶん叩かれてきました。だから、彼らのやり方はよくわかっています。私の政治家としての本質的な部分、政治活動の肝心な部分については何も触れません。きちんとした取材もしません。分析も洞察もできないのでしょう。代わりに彼らは、私の話したことの一部分だけを取り上げ、こんなバカなことを言った、とんでもないことを言った、とやるのです。

私のことを失言の提供者、いわゆるネタ元としてしか見ていない。頭がパターン化していて、自分でものが考えられないのではないかと思います。森がどこかで挨拶をする、さあ何か言うぞ、一本記事が書けるぞ、といった姿勢です。バカバカしい話ですが、大事なことが伝わらず、被害は大きい。ある意味、政治不信を彼らが拡大しているとも言えるでしょう。政治をまじめに考えない風潮は、そういうところから来ている面も大いにあると思います。

典型的な例が、総理時代の衆議院選挙の演説で、私が「有権者が投票に行かずに寝ていてくれればいい」と言った、というものです。あの頃出た新聞の世論調査では、どの新聞も自民圧勝でした。その調査は選挙が始まった直後のもので、そんな数字はいいに決まっています。なぜかというと、答えるのは、はっきりとした意識を持った人だけだからです。それで私は、ほとんどの人は、まだ起きておらず、寝ているのだから、そんな数字を信用してしまうのが選挙では一番危ない、だから「このまま寝ていてくれたらいいと思うが、そうはいかない、今から頑張って選挙戦を戦おう」と演説したのです。ところが、「寝ていてくれたらいい」で切られて、報道されました。

十何年も経った最近になって、この報道をした某テレビ局のビデオが手に入りました。私の演説を録画したビデオです。それを見ると、私は「寝ていてくれたらいい」に続けて、きちんと「でも、そうはいかない。そんなことは現実にはありえない」と言っています。テレビ局がオン・エアに際し、私をおとしめるために、意図的に後段を切り取り、使わなかったことは明白です。こうした操作は、これ以外にも何度も経験しています。

オリンピック組織委員会の会長になってからも、新国立競技場や舛添さんのことなどで、やってもいないし言ってもいないことをいろいろ書かれましたが、最近の出来事でこれは問題だろうと思ったのは、二〇一六年の七月三日、国立代々木競技場で行なわれたリオオリンピック代表選手団の結団式・壮行会での国歌斉唱です。ゆがめられた報道、ゆがんだ国歌観として相当に問題があると思うので、以下に経緯を説明します。

国歌独唱か斉唱か

安倍総理のビデオ挨拶と竹田ＪＯＣ会長の挨拶の後、私はわざと「安倍総理の今のメッセージと、竹田会長がおっしゃらなかったことを言います」と断って、「おめでとう。二つのことを言います」と始めました。

まず、前日（七月二日：現地時間では一日）にバングラデシュのダッカで起きたテロ事件（レストランにイスラム系テロリスト集団が押し入り、日本人七人を含む二十二人を殺害した事件）に触れました。

「昨日、こんないやなことがありました。平和が何より大事で、平和がなかったらオリンピックはありません。しかし、人間というのは争いごとを好む。闘争本能というのもあるし、歴史は戦いの連続みたいなものです。それを本当の争いにしないために、ルールに沿ったスポーツで競い合う。それが許されたぎりぎりのところです。そこをしっかりやるのがスポーツの精神です。それには平和でなければなりません。戦争状態ではオリンピックはできない。だから皆さんには、日本を代表する大使として世界の国のアスリートと付き合い、多くの人たちを四年後、日本に連れてくる先兵になってほしいのです」

　これが話の第一であり、スポーツに対する私の持論です。

　そして、第二の話を続けました。

「今、自衛隊のお嬢さんの国歌独唱を聴きました。お嬢さんが歌われるのも非常によい。しかし、こういうときはみんなで声を合わせて歌うほうが、より気持ちが一つになるのでないかと私は思います。いつ、どうして斉唱というプログラムが独唱に変わったのか、私にもわかりません。このことについては、主催をしたJOCの皆さん方も、よく考えておいてください」

　これに続けて、後ろにズラリと並んでいた選手たちを振り返って、言いました。

「代表選手の皆さん、身に着けている服は何色ですか。赤と白、つまり日の丸でしょう。日の丸を飾る、国家を代表する選手団がここにいて、それで国歌を歌わないというのはおかしいでしょう。皆さんは日本の国を代表して行くのです。だから、ぜひ試合に勝って表彰台に上がったら、そういうセレモニーがあったら、必ずしっかりと国歌を歌ってください。先年、澤なでしこチームが女子サッカーのW杯で勝ったとき、みんなが涙を流しながら国歌を歌い、それをテレビで見た我々も一緒に涙を流しました。去年のラグビーW杯でも、日本の選手たちがみんなで国歌を歌うのを見て感動しました。そのように、皆さんも表彰台に立ったら、一億人近い日本人がテレビを見ているんだというつもりで、大きな口を開けて歌ってください。ぜひお願いします」

最初は、祝辞でそんな話をするつもりなかったのですが、話をしているうちに、いつの間になぜ「斉唱」が「独唱」になったのか（このことは後述します）と無性に腹が立ち、だんだんボルテージが上がって、次のようなことを言ったのです。

「口をもごもごさせて歌えないようなのがテレビに映るのが、一番気分が悪い。国歌がちゃんと歌えないようでは、日本代表ではない」

二〇一五年のラグビーW杯の日本代表の中に、外国出身の選手が何人もいました。キャプテンのリーチ・マイケルもニュージーランド出身です。彼らは全員で「君が代」を練習し、日本語で全部歌いました。それは、彼らが日本代表だからです。それで、多様な国の出身の選手たちの気持ちが一つになったのです。

その私の発言に対し、東京新聞と朝日新聞が、私が選手に国歌斉唱をおしつけた、とんでもないことをした、みたいに書きました。

朝日は「『国歌歌えぬ選手　日本代表ではない』森氏、あいさつで『なぜそろって歌わぬ』」と見出しを付け、「（私が挨拶で）『どうしてみんなそろって国歌を歌わないのでしょうか。（中略）口をモゴモゴしているだけじゃなくて、声を大きく上げ、表彰台に立ったら、国歌を歌ってください』と選手団に呼びかけた」と書いた。たしかに私はそう言いました。しかし、朝日はそれに続けてこう書くのです。「場内ではみんなで声を合わせて歌う『斉唱』ではなく『国歌独唱』とアナウンスされ、ステージ上のモニターにも『国歌独唱』と表示されていた」。要するに、正式なセレモニーは「独唱」なのに、いかにも私がいちゃもんを付けたみたいな印象操作をしているのです。

しかも、朝日の「天声人語」は、わざわざそこを強調し、私が「勘違い」したとして、「直前にあったのは、君が代の『独唱』で、みんなで歌う『斉唱』ではない。森氏は段取りを知らなかったのだろうか」と、私を揶揄《やゆ》しました。挙句に「『国歌を歌えないような選手は日本の代表ではない』。求める選手像を上から押しつけるような言いぶり。選手たちの士気があがったとは、とても思えない」と書いた。

それで、この記事を読んで、まるで私が「独唱」と「斉唱」の意味がわからずに取り違えた、などとネットに書く者まで現れました。東京新聞も「国歌歌えなければ日本代表ではない」とそこだけ書く。読売新聞も「『口をもごもごしているだけではなくて、国歌を歌って』と注文もつけた」とそこだけ書く。記者の誰もが意図的に「これを書こう、これを書こう」と、同じようなものを書いているのです。

ただし、日経新聞だけはさすがに、国歌斉唱のことだけでなく、私が最初に、日本人七人を含む二十二人の人が犠牲となったバングラデシュの事件に触れ、世界が平和であってこそ五輪が公正に開かれる、と言ったことを、きちんと正確に書いています。

この件に関しては、メディアが私の発言を意図的に切り取って報じたことだけでなく、もう一つ大きな問題があります。先にも触れたように、プログラムの「斉唱」が「独唱」に変えられていたことです。私のところに来たこの壮行会の案内状の式次第には、「国歌斉唱」とあったのに、それがいつの間にか「独唱」に変えられていたのです。横にいた竹田さんに「どういうことですか？」と聞いたら、竹田さんも「知らされていませんでした」と言いわけをしました。

この壮行会は、竹田さんが会長のＪＯＣ（日本オリンピック委員会）が主催し、皇太子同妃両殿下をお招きし、選手とその関係者五百人に応援の芸能人、アーティスト、さらに一般参加二千人に、応援の旗を作った小学生も四千人以上参加した、一万人規模の大きなイベントです。その式次第が、主催するＪＯＣの会長も、来賓代表として挨拶する予定の私にも知らされずに、いつの間にか変わっているというのは、いったいどういうことなのでしょうか。

第３１回オリンピック競技大会（２０１６／リオデジャネイロ）
日本代表選手団結団式要項

■日　時：平成２８年７月３日（日）１５：００～１６：００

■場　所：国立代々木競技場「第二体育館」
〒150-0041 東京都渋谷区神南 2-1-1　TEL：03-3468-1171

■式次第：開式通告
国歌斉唱
主催者挨拶
日本代表選手団紹介
団旗授与
お言葉
来賓祝辞
日本代表選手団　団長挨拶
日本代表選手団　主将決意表明
閉式通告

■出席者：日本代表選手団、本会役員・委員、本会加盟競技団体、関係省庁、公営競技団体、東京 2020 組織委員会関係者、報道関係者　他

2016年7月3日に行なわれたリオオリンピック代表選手団の結団式で、事前に来賓に配られた式次第。ここでは「国歌斉唱」となっている。

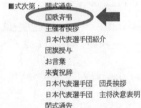

日本代表選手団としての行動規範

1．オリンピック憲章と組織委員会のポリシーの理解と遵守

・ オリンピズムの根本原則並びに国際オリンピック委員会（IOC）と組織委員会が提示するポリシーと各種ルールを理解し、遵守すること。

・ Condition of Participation Form（参加条件に関する同意書）を理解したうえで、署名・サインをし、厳守すること。

2 日本代表選手団としての行動規範

・ 日本代表選手団編成方針を守ること。我々は胸に日の丸をつけた公人であり、あくまで日本代表選手団の一員であることを忘れず、すべてに規律ある行動をとること。

・ 結団式やメダルセレモニー等、公式行事では脱帽し、姿勢を正し、日の丸を直視し、「君が代」を斉唱すること。

・ 他国・地域の旗が掲揚されるときも、脱帽し、姿勢を正し、勝利者に敬意をはらうこと。

3 戦いの前の心構え

・ 平常心で集中力を高め、自分が今日まで実践してきたトレーニングに自信を持ち試合に勝利すること。 *（プレッシャーに打ち勝つことの使命）*

JOC が作成した「日本代表選手団としての行動規範」。

国歌斉唱というのは、オリンピックの「日本代表選手団としての行動規範」にきちんと書いてあることなのです。そこには「結団式やメダルセレモニー等、公式行事では脱帽し、姿勢を正し、日の丸を直視し、『君が代』を斉唱すること」とあります。JOCは、こういう規範をきちんと作っているのに、選手の結団式に、こともあろうに「斉唱」ではなく、自衛隊の女性隊員に「独唱」させたのです。

当日、あの会場にどこかの学校の子供たちが五千人近くおり、松岡修造さんが「応援団長だ」と言って、子供たちに拍手をさせて盛り上げていました。そうしたことも結構だけれども、それらの学校の先生たちから「国歌斉唱は止めてください」と言われ、主催者側と、請け負ったイベント屋が、勝手に変えてしまったのでしょうか。

じつは、国歌斉唱では、これまでもいろいろと問題が起きています。例えば、正月に花園でやる高校ラグビーで、『君が代』を演奏します」と言うのですが、これはおかしなことです。私が「演奏ではないでしょう。みんな起立しているじゃないですか。斉唱しますと言いなさい」と言っても、絶対に斉唱とは言いません。

それは単なる間違いではなく、意図があって「演奏します」と言っているのです。教職員組合がそう指導しているのでしょう。「君が代」を歌うことに抵抗がある人たち、「国歌斉唱」をさせたくない人たちがいるのです。

花園ラグビー場で行なわれる全国高等学校ラグビーフットボール大会は、毎日新聞社、高体連（全国高等学校体育連盟）、ラグビー協会、大阪府などの共催です。開会式と閉会式に、スタンドで国旗掲揚があります。このとき、「国歌演奏、国旗のほうを向いてください」というアナウンスがあります。

私は、この大会を共催しているラグビー協会の会長を十年務めました。それで毎回、このことで揉めました。

「どうして君が代を斉唱しないんだ？」

「いや、それはそういうことになっておりますから」

高体連の学校の先生方が、絶対に認めないのです。国旗を揚げて演奏するだけならいいが、君が代は歌わない、という妥協案になっているのです。

かつて教職員組合が「なんで国歌を歌うんだ？　国歌なんて日本にはないんだ」と主張して国と対立が続き、板挟みになって疲れた校長が自殺する、という事件が広島でありました。

それで小渕内閣のときに、これではまずいからと「国旗国歌法」という法律を作りました。日の丸は日本の国旗であり、「君が代」は日本の国歌であるという、たったそれだけの法律です。セレモニーで「君が代」を歌うかどうかは、そのつどの首長の判断です。東京都でいえば都知事にその権限があるので、石原さんは厳しくやって、歌わない教員を処分したりしました。

戦後の日本の教職員の左派の人たちは、戦前のことはすべて悪い、天皇はダメだ、「君が代」はダメだ、国旗はダメだ、とずっと言い続けてきました。そういう中で育った生徒たちが今、まさに社会の中枢にいます。特に新聞社やテレビ局に多くいて、国を愛する気持ちや、日本人としての誇りをないがしろにするような横やりを入れているのではないでしょうか。

取材せずに書く『週刊朝日』

最近は、週刊誌も本当にひどくなりました。二〇一六年七月八日号の『週刊朝日』に私の特別インタビューが出ましたが、じつはあれはその前の号（七月一日号）に、舛添騒動に関して全くの捏造《ねつぞう》記事が出て、私が抗議したからなのです。

その記事は、私が舛添さんを都知事から下ろすために説得工作に「しゃしゃり出た」けれども、舛添さんに断られていい恥をかいた、というものです。これはとんでもない記事で、私は逆に舛添さんに「今は辞めるな」と言っていたほうです。

それですぐ編集長を呼んで、「これはどういうことですか？　私はむしろ辞めるなと言ってきたほうです。なんで私がそんなことをしに行かなければならないんだ」と抗議しました。

　すると、すぐ向こうが謝りました。

「申し訳ありません。その記者に聞いたら、勝手に書きました、森さんへの取材もしていません、と言いました」

「あなたは、それを認めるんですね。私は名誉毀損されたことになる。だから訴えますよ」

「それもやむを得ないと思います。しかし先生、どうでしょう。訴えても裁判の結果が出るのに二年ほどかかります」

　じつは編集長の言う通りで、これまで数回訴訟に出たことがあるけれど、判決が出る頃にはみんな元の記事のことを忘れていて、あまり訴えた意味がない。そのことを編集長がうまくついたのです。

「では、うちのほうで来週、訂正記事を書いておきましょう。でも、先週号を読んだ人には訂正の意味がわかるけれども、読んでいない人には何のことだかわかりません。どうでしょう、先生のお考えを話していただいては？　それを二ページ載せましょう」

考えてみたら、裁判をするよりそのほうが読者に説得力があるので、応じました。

それでタイトルを「私は舛添を下ろすような馬鹿なことを言うはずがない」というタイトルにしてくれ、と言ったら、「それだけは勘弁してください。記事の中で言ってください」と言われました。それがあの『週刊朝日』なのです。

このように、裏付け取材もせず、妄想や無責任な噂をあたかも事実であるかのように書く記者がはびこっている状況ですから、こちらも厳格にチェックをし、適正な対応をしていかないと、とんでもないことになります。

私個人のことはともかく、今、オリンピックの準備で非常に大事な時期に来ているので、無責任な報道をされると、二〇二〇年の成功不成功に関わってきます。

それは、報じる記者ばかりではなく、こちら側の報道対策にも言えることなのですが、こちらの報道担当者も不慣れというのか、うまく対応できていません。組織委員会のことで何か間違ったことが書かれていないか、逆に、こちらが正すべき指摘や、傾聴すべき意見はないか、また、悪意を持った意図的な報道姿勢が感じられる記事はなかったかといったことを、毎日、すべての新聞や雑誌、テレビのニュース、ワイドショーなどを見て、分析し、反論すべきは反論し、抗議すべきは抗議するのが報道担当者の仕事だよ、と言っても、わからないのだから困ります。

本当は、間違った記事が出た時点で、報道担当者は、こんな記事が出ました、どうしましょうか、と持ってくるだけではなく、なぜそんな記事が出たのか、正しい情報が提供されていなかったのか、説明が充分だったか、それとも記者の勉強不足、知識不足だったのか、あるいは悪意のある記者なのかといったことを、普段からきちんと分析していなければ、正しい対応は取れないのです。記者の勉強不足、知識不足などに目配りを利かせるつもりで優秀な報道担当者が接していれば、あ、この記者は基本知識が欠けているなとか、偏った先入観があるなとか、わかるはずなのです。

勉強不足でネガティブキャンペーンに

記者の勉強不足、基本知識の欠如は、それはもう書かれた私が驚くほどです。その最たる例が、国立競技場の問題です。そもそも国立競技場を、あたかも組織委員会、つまり会長の私・森が造るのだと、ほとんどの記者たちが誤解しています。オリンピック組織委員会とはどういう組織かまったく理解せずに、新聞や雑誌に記事を書き、テレビでは、ニュースキャスターやスポーツ評論家までコメントしています。

国立競技場というのはあくまでも国立であり、文部科学省が造るものであって、その建設に組織委員会は関係していません。あえて言えば、組織委員会は利用者側、使わせていただく側です。

では、組織委員会は何をやるのかというと、わかりやすく言えばイベント屋です。オリンピックというのは平和の祭典で、政治色を排し中立的な立場で行なうことになっています。ですから、ＩＯＣとの契約で、オリンピックを主催する都市は、別組織の組織委員会を作って開催することになっているのです。前にも書きましたが、それで猪瀬元知事は、組織委員会の会長になろうとしたけれども、なれませんでした。

私どもは、東京都からオリンピック開催を請け負った組織であるわけで、国立競技場に関しては、発注権もなければ、設計に関与する権限もありません。ところが、関係がないのに、メディアが間違えて、あたかも組織委員会がそれを造るのであり、しかもそのトップである私がすべてを決めている、というふうに誤解しているのです。

エンブレム問題もそうです。これも専門家の人たちに選んでもらったほうがいいと思うからそうしたのであって、別に私や事務総長が選考に関わったわけではありません。でき上がるまで、一切私たちも教えてもらえませんでした。

しかし、でき上がったものが何かに似ていると言われ、それから話が広がって、作者の他の作品の盗作疑惑も出て、周知のごとく辞退ということになりました。ところが、それをネットが騒いで、「森が密室で作らせた」みたいなことが、事実であるかのごとく流されました（注：『女性自身』二〇一五年九月二十二日号で『元ＪＯＣ幹部が内部告発！東京五輪〝迷走〟の戦犯！』と題し、ＪＯＣの元幹部や新聞記者が座談会を行ない、森会長を国立競技場問題やエンブレム問題の最大の戦犯と名指ししている）。

そんなことを言われるのなら、もう一度大衆討論にかけなさい、と言い、一年かけて、今度は一般に公募して作ったのが今のエンブレムです。このエンブレム問題だって、組織委員会が悪いわけでも何でもありません。

三つ目に出される私への批判は、オリンピック招致のときに二億三千万円のカネを使ったというスキャンダルです。これにも森が関与している、と言われるのです。

しかしこれは、組織委員会と招致委員会をごっちゃにしている議論です。招致委員会というのはオリンピックの招致運動をしていた委員会で、組織委員会というのは招致が決定してから組織されたものです。組織委員会は招致活動をやっているときにはまだ存在していないので、カネを出すもなにも、まったく関係がない話です。

二〇二〇年の東京オリンピックの話題になると、この三つを出して、問題が多い、組織委員会は何をやっている、会長の私が悪い、とメディアは言います。しかし、オリンピックに対する基本的な知識があれば、組織委員会の責任ではないということがすぐわかるはずです。

勉強不足からきた愚かしい記事の典型的な例が、去年の夏頃にもありました。東京オリンピックのために、国立競技場の横にある神宮球場などは閉鎖をし、資材置き場として協力しなければならない、野球も中止だ、とセンセーショナルな話題にして新聞が書き立てたのです。特にスポーツ紙などは一面全部を使い、半狂乱のように「オリンピック横暴、日本では野球のほうが多くのファンがいるのだ」と騒ぎました。そして、こともあろうに、巨人OBで前DeNA監督の中畑（清）さんなどが、「何がオリンピックだ。野球を馬鹿にするな」といったコメントを出しました。

ところが、オリンピック開催を東京都がIOCと契約をしたとき、オリンピックのメイン競技場の周辺では、国際的なスポーツ大会であるとか、日本で多くのファンを獲得するような著名なイベントは控える、ということを合意しているのです。つまり契約によれば、オリンピック期間中は神宮で野球をしてはいけない、ということになる。そのことを承知で東京都は契約をし、政府もそれを追認したのです。それを日本のスポーツ記者たちが誰も知らない。知らなくて批判しているのです。

その後批判は、だんだんトーンダウンしていきましたけれども、その契約の中身のことを同じくらい大きい見出しで記事にしたかというと、していません。こうして「オリンピック横暴」という記事の印象だけが残るのです。

契約の中身を理解したうえで「オリンピック横暴」と言うのであれば、それは東京都及び招致委員会とIOCの問題であり、横暴なのはIOCで、そういう契約を飲まされた東京都も問題だ、という記事になるはずです。

ところが、基本知識を欠いたまま騒ぎ立てるので、「組織委員会が悪いんだ」と書いて手柄顔をしている。こういう日本のメディアというのは、ほんとに国民のためになっているのか、国家のためになっているのか。このことはみんなよく考えないと、日本は大変なほうに曲げられていってしまいます。

組織委員会の人間だけでなく、記者クラブの記者も寄せ集めだということが、オリンピック報道の足かせの一つになっています。

組織委員会は、最初は東京都庁に間借りをして始めました。その関係上、ここの記者クラブは、すべて東京都庁の記者の担当になりました。都庁の記者クラブにいる記者は、基本的には地方部と社会部ですが、そこに、オリンピックだからということで、運動部の記者が入ってきます。さらに、経済効果やらなにやらもあるので、経済部からも記者が来る。都知事の問題や選挙も絡むから、政治部の記者も来る。部が違うと、同じ会社の記者でも見方が違います。そのため、ここの記者クラブはみんなバラバラです。

ずっといろいろなことを書かれてきたので、私はどんな記事を読んでも、いい加減驚かなくなりましたが、ある日の毎日新聞には驚きました。前文と中身が違っているのです。後で訳を聞くと、最初書いたのは運動部の記者だったのですが、途中から社会部の記者が、前文を批判的なトーンに書き直してしまったのだそうです。そのため、見出しは社会部的になっていました。

社会部の記者は事件記者だから、ものを何でも犯罪的というか事件的に、「事あれかし」と見ます。運動部にはそういう面は少なく、どちらかといえば客観的に記録を綴ります。そして、経済や政治を多少わかっている記者や、オリンピック全体のことがわかっている記者は、ここにはほとんどいません。もちろん、各社にそういうことがわかっている人たちもいるはずですが、新聞社にも縄張りがあって、よその記者クラブやよその分野のことには手を出してはいけない、としつけられていて、おかしいと思っても口を出さないのです。

記者クラブとは別に、ここ（組織委員会）にもメディア委員会というのがあり、各社からオリンピックに何かしら関わった記者が全部出てきています。メディア委員会がなぜできたかというと、理事会ができたとき、朝日新聞から「三十五人の理事の中にマスコミが誰もいないのはおかしい」と抗議が来たからです。それではと、大手紙、地方紙、ブロック紙、通信社、スポーツ紙、テレビ会社、ラジオ会社をそれぞれ入れたら、理事の定員の三分の二くらいがマスメディアになってしまったので、別個にメディア委員会というのを作ったわけです。

しかし、そのメディア委員会では、誰もほとんど発言しません。組織委員会に問題があると言うのなら、メディア委員会の委員にも責任を取ってもらいたいところです。

日本復活のエネルギー

オリンピックというものには、いろいろな効果があります。私は「スポーツは日本を変える。スポーツは人を変えていく」と考え、教育にスポーツをもっと取り入れるべきだ、と主張してきました。スポーツは社会を変え、国際関係も変える力があります。特にオリンピックは、単なるスポーツイベントでは終わりません。

かつて東京オリンピックが行なわれたのは、戦争が終わって十九年目の一九六四(昭和三十九)年のことでした。日本中が廃墟になってからまだ日が浅く、オリンピックどころではない、とみんな思ったけれど、それがあれだけの力を発揮してオリンピックをやり、世界中が「やっぱり日本はすごい」となりました。

オリンピック開催を目標にして、新幹線や高速道路を造り、東京も近代都市になりました。まさに日本の科学技術の発展や産業の改革の起爆剤になって、戦後日本の発展に寄与したのです。また、戦後日本の国際社会へのデビューでもありました。日本人としての誇りも復活し、国際社会でその責任を果たし、立派に振る舞おうという意識を、日本人が強く持つようにもなりました。オリンピックの効果は、まさにスポーツの効果を最大限に引き出すものだと言えます。

そういう効果があるから、今度のオリンピックも、最初は「他にやるべきことがあるのではないか」といったいろいろな意見はあったけれども、東日本大震災や福島の原発事故から復興させよう、東北の皆さんに元気を出してもらうと同時に、日本を世界中に見せようということから、賛同を得たわけです。オリンピックが日本復活のエネルギーを引き出すのです。今度の熊本や鳥取の震災からの復興にも、きっと寄与することでしょう。

そして、今度のオリンピックをきっかけに、企業もいろんなアイデアを出し、新技術を開発しようとしています。例えば、エプソンという企業は、セイコーが前の東京オリンピックの公式計時を担当したことから大きく発展しました。競技のタイムをその場で記録しプリントするために開発したデジタルプリンターの技術が、元になったのです。

私は、今度のオリンピックでもそういうことが起こるだろうと思います。セキュリティでいえば顔認証の技術、サイバー攻撃への防御策、また炎天下での競技には、アスファルトやトラックの温度を下げる技術……他にも、いろんなロボットが活躍するでしょう。いやもう私には理解できないような、いろんなアイデアを企業は考えているはずです。

私が一番愉快に思ったのは、トイレです。TOTOの社長が言いました。世界中で一番トイレが素晴らしい国は日本です、アメリカへ行ったってヨーロッパへ行ったって、超一流のホテルにでも行かない限り、こんなきれいで進歩したトイレはありません、と。日本は今、どんな田舎の家にも温水洗浄のトイレがあります。オリンピックを見にやってくる世界中の人たちは、北海道に行こうと沖縄に行こうと、日本のトイレを体験したら、臭いもしないし、洗ってくれるしで、びっくりするに違いありません。きっと世界で評判になるでしょう。あの中国の爆買いをしている人たちも、トイレの器具を買っていきます。こういうことも東京オリンピックでさらに国際的になっていくのです。これは日本企業にとって大変なビジネスチャンスです。

また、日本人と日本の社会を世界中の人に知ってもらうチャンスでもあります。日本の社会が安全で清潔で、人々が大人しくまじめで親切で礼儀正しいことを、広く知ってもらう機会になります。日本人は乱暴で残酷で嘘つきで、血も涙もないひどい連中だ、と国内で子供たちに教え込んだり、世界中に言いふらしたりしている国もありますが、そうでないということは、日本に来てもらえばわかります。

マスコミも、人の発言の一部だけ取り上げる揚げ足取りのようなことばかりしていないで、事実を確認し、事柄を正確に理解したうえで、もっと深く広く考え、オリンピックを報道していただきたい。そのうえでの批判であるなら、いくらでも傾聴します。

第五章

小池流「見直し」とは何だったのか

オリンピックを冒瀆してはいけない

最後に、小池都知事が提起した東京オリンピックにまつわる「見直し」について、私なりの整理を記しておこうと思います。この章は、ある意味で本書のまとめともなるので、ここまで書いてきたことと、いくらか重複した記述をせざるをえない点はお許し願いたい。

二〇一六年十二月十六日、小池都知事は会場見直し論議の中で最後に残ったバレーボール会場を、既設の横浜アリーナではなく、有明アリーナに新設することを表明しました。その際、都知事は、三会場の整備見直しで最大四百二十七億円の予算削減に成功したことを強調し、みずからの手柄としましたが、この間の見直しで進行が大幅に遅れ、関係各方面に多大な迷惑をかけたことについては、むしろこの論議によって都民との一体感が生まれた、と述べ、責任を認めませんでした。

これに先立つ記者会見で、ある記者に「大山鳴動して鼠一匹」という結果になりましたが、と問われ、「失礼ではないですか」と気色ばむ場面も見られたようですが、おおかたの感想は、この記者と同様だったのではないでしょうか。

小池都知事が誕生して以降、マスコミは私と小池さんとを対立図式でとらえ、両者のバトルとして面白おかしく報道してきました。この会場見直しの結果、ボートとカヌー・スプリントも、水泳も、バレーボールも、すべて会場は当初の計画通り新設することが決まり、森が三勝ゼロ敗で勝った、と囃し立てる報道も目に付きました。

しかし私は、小池さんとそんなことで争ったつもりは毛頭ありません。何度も申し上げたように、オリンピックを招致した主体は東京都であり、その責任者は都知事です。我々組織委員会は、都を代行して準備を進めているにすぎません。オリンピックはやらない、というのならともかく、都が、やりたいけどもお金がない、施設費はもっと削減したい、というのなら、それは都みずからが決めればいいことで、私どもがとやかく言うことではありません。

ただ、私たちが二年以上かけて関係各方面と調整し、調査やヒアリングを重ね、IOCの理事会・総会で決定してきたものに対し、アスリート団体の意向も聞かず、基礎的な調査もなしに、ずさんな見直し案を提言し、その結果、準備の進行を大幅に遅らせたことに、大変困惑し、かつ、いきどおりを感じたのは事実です。ここでひとこと言っておきたいのは、私は見直し案が提起された際、「見直しに反対だ」などと言ったことは一度もない、ということです。「IOCの理事会・総会で承認されたことなので、簡単には変えられませんよ」と申し上げただけです。

小池さんは二〇一六年七月の都知事選挙のときから、「オリンピックに一兆、二兆、三兆なんて、お豆腐屋さんじゃあるまいし」と、経緯も知らないまま、いかにも無駄金をかけたかのように、組織委員会や五輪関係者を非難しました。都議会と並べて、「伏魔殿」「ブラックボックス」あるいは「悪の巣窟」呼ばわりまでして、攻撃しました。都知事に就任してからは、我々を監査するとまで言い出しました。要は、私を筆頭とする組織委員会を悪者にして、その悪を叩く構図を示すことで都民にアピールしたわけです。「都民の税金を湯水のように使い、オリンピックにかこつけて悪いことをしている組織」というレッテル貼りです。

しかし、私たちになんらやましいことはありません。それどころか、経費の削減に努力してきたのは我々であり、現に、当初都が負担すべきとされていた金額を、二千億円も削りました。ここまでよくやってくださいました、とお礼を言われてしかるべきものなのに、「あなたたちは、今までさんざん、ずさんで悪いことをしてきたのだから、これからは自分たちできちんとやります。さあ、どきなさい」と言わんばかりのもの言いです。

会場建設の費用に疑義があるというのなら、その金額を決め、契約を交わしたのは都なのですから、都みずから、自分たちの組織を調査すればいいだけのことです。我々は発注その他、建設に直接関わることはやってはいません。都がみずから金額を決め、契約を交わしたことを、我々の責任であるかのように非難するのは、お門違いというものです。

そもそも組織委員会の四割は都から出向している職員たちであり、組織委員会を悪しざまに言うのは、自分の部下に唾を吐きかけるようなものなのです。

せっかく順調に進んでいた五輪の準備が、この「見直し」で半年以上遅れることになりました。近県に会場を移すことに伴う役割分担・業務分担は、まだ相談の緒についたばかりです。国や各県の予算編成に間に合わなければ、建設が大幅に遅れることは必至です。それればかりではありません。築地市場が当分移転しないことで、五輪の輸送の根幹となるはずだった環状二号線の建設が頓挫し、市場の跡地を駐車場にする案も霧消しました。この道路と駐車場問題は早急に打開策を見つけなければ、間違いなく五輪期間中に大混乱をきたすでしょう。

小池さんの一連の「見直し」は、大衆受けを狙った選挙公約のつじつま合わせ、オリンピックを道具に使った政治的パフォーマンス、と見られても仕方ありません。これはオリンピックに対する冒瀆《ぼうとく》ではないかと思います。

さきに、森対小池の図式でとらえてほしくない、と申し上げたのは、この点に帰着するのです。何度も言うように、小池さんが設備費を削減したいのなら、そうすればいいのです。既存の会場を安く利用するというのも、一つの方法でしょう。主催者がそうしたいのなら、私どもがとやかく言う筋合いのことではありません。しかし、オリンピックを政治的パフォーマンスの道具にだけはしてほしくないのです。

オリンピックは、世界が平和でなければできません。政治的立場がどうであれ、世界中の国がこれだけは一緒にやろうというのがオリンピックです。このように平和の象徴であると同時に、オリンピックは、人間の闘争心というものを、戦争という形ではなく、スポーツの形で発露させます。スポーツの一番のメリットは、その人間の闘争心の、平和的なはけ口としての役割です。だからこそ私は、スポーツ振興に政治家として大きなエネルギーを注いできました。今、請われてこの仕事にあるのも、国政を四十三年務めたあとの最後のご奉公と思えばこそであります。

それだけに、オリンピックを何か汚職の温床であるかのような負のイメージに染め上げ、国民にオリンピックへの嫌悪感を植え付け、オリンピックの進行にさまざまな支障をきたすことだけは、やめてほしい。それが何より私の小池さんへの思いなのです。

私は委員会の会長職に固執などしておりません。オリンピックの成功のためなら、いつでも身を引く覚悟です。私の願いはただただオリンピックの成功です。私がガンの新薬を得てここまで活動しているのは、小池さんと争うためではありません。体調の復活は、オリンピックを成功させるための神様の贈り物だと思っています。そう感謝している点だけは、とくに強調しておきたい。

お粗末だった上山「提言」

小池流「見直し」がどのような政治的パフォーマンスであったのか、もうすこし具体的に記しておきましょう。

小池さんは都知事に当選してすぐ、オリンピックの開会式に出るためリオにいた私に、ご挨拶にあがりたいと連絡をくださいました。それで帰国した翌日、組織委員会でお目にかかり、「当選おめでとう」と申し上げ、続けて東京オリンピックについて、三つほどお願いをいたしました。

一つは、第一章ですでに述べたように、都、国、組織委員会、近隣各県の役割分担・業務分担の件です。猪瀬元都知事のずさんな「立候補ファイル」に従っていては予算が膨らむばかりなので、千葉、埼玉、神奈川、静岡の各県に既存の会場を利用させていただきたいとお願いしたのですが、それにかかる費用をどこがどう分担するのかの協議は、都知事の交替があってストップしていました。この協議を早急に再開しないと、予算が組めず、各県に大変なご迷惑をかけてしまいます。それで、「この協議だけは、何をおいても、直ちにとりかかっていただきたい。お願いします」と申し上げました。

二つめは、駐車場と道路の問題です。私は小池さんにこう申し上げました。東京都の改革はどうぞ存分におやりください。築地市場の豊洲への移転問題についても、私には口を差し挟む資格はありません。ただ、移転後の築地市場の跡地は、約三千台のバスを収容するオリンピックにとって大切な駐車場になる予定です。これができないとなると、都心部にそれだけのまとまった土地はまずないでしょうから、駐車場の確保が大変なことになります。また、築地市場の跡地を貫通する形で環状二号線を延ばし、晴海の選手村と開閉会式が行なわれる神宮の国立競技場を結ぶ計画です。これは東京都が考えたプランです。これが開通しなかったら、月島や晴海一帯は車であふれかえるでしょう。リオオリンピックの成功は、輸送がスムースに行なわれたことにも一因がある、と言われています。それだけ輸送の問題は重要なのですから、駐車場と環状二号線だけは、オリンピックまでにはどうしても造ってください。もし移転の延期でそれが造れなくなるようでしたら、代案を都でお考えいただくのは当然でしょう。

三つめは、リオの閉会式での旗振りです。閉会式で都知事は、全世界に向けて東京の紹介を八分間やり、リオの市長から受け取ったオリンピック・パラリンピックの旗を振るのですが、この旗振りは、東京都がしっかりリオから引き継ぎました、最後まできちんと仕上げます、という都知事としての意思表示です。自分は主催地の責任者であるということを世界にアピールする大事な行事なのだから、その気持ちで責任をもってやってください、とお願いしたわけです。

小池さんはこれらのことを「承知しました」と言って帰られました。

ところがその後、一つ目の役割分担・業務分担の協議はいつまでも再開されず、やっと今年に入って協議が緒につきました。半年以上の遅れです。それまで準備作業は順調に進み、IOCのみなさんからは「リオよりもうまく進んでいる、東京を見習え」とまで褒められていたのに、ここへきて、ぎりぎりの進行になってしまいました。本当は事前行事などに間に合わせなければいけないのですが、それに間に合うかどうかわからない状態です。

この遅れは、私を叩くための時間稼ぎだとしか思えません。半年も引っ張って、結局は私たちの原案通りになったのですから、この半年は空費したとしか言えないのですが、小池さんにはオリンピックの準備より、組織委員会叩きのほうが重要だったようです。

二つめの道路と駐車場の問題は、すでに記したように、築地市場の移転延期で宙に浮いています。小池さんからはなんら代案が示されておらず、関係者はみんな頭を抱えています。オリンピックが成功するか失敗するかは、この輸送問題にかかっていると言っても過言ではありません。

さらに、小池都知事は、リオで旗を振ることでオリンピック・パラリンピックの成功を世界に約束したはずなのに、就任以後、組織委員会に対し、なにやかやと、言いがかりとしか思えないことを言ってきました。たとえば、当選してすぐ、上山信一慶應義塾大学教授を特別顧問とした都政改革本部を立ち上げ、そこに、やはり上山氏をトップとする、オリンピック予算見直しのための「オリンピック・パラリンピック調査チーム」を作りました。二〇一六年九月二十九日、その調査チームによる「提言」が行なわれたのですが、その「提言」とは、運営に誰が責任を持っているのかあやふやである、このまま組織委員会に任せていたら、予算は三兆円を超える恐れがある、建設費の高いボートとカヌー・スプリント、水泳、バレーボールの三会場については、新築せずに既存施設を利用すべし、というものでした。

これらがどれほど的外れで、無責任で、ずさんな「提言」であったかについては、すでに第一章で、一つひとつ具体的に指摘しておいたので、ここでは詳細には繰り返しませんが、あえて彼らが言いたかったことを意訳するとすれば、私をトップとする組織委員会は、いい加減で不正な運営をし、五輪予算を無茶苦茶に使っている、五輪を食いものにしている、ということでしょう。

しかし、いい加減で不誠実だったのは、どちらのほうでしょう。責任者不在論は、そもそも五輪運営のあり方をまったく知らない的外れなもので、小池都知事をすべての上に立たせ、権力をふるわせるためのものだったのですが、IOCのバッハ会長が来日し、十月十八日に小池都知事と会談して、IOC、都、国、組織委員会の四者による作業部会を提案して以降は、そうした発言は鳴りを潜めました。というより、運営の実態を理解して言えなくなったのです。小池都知事が上に立ってすべてを仕切るということは、IOCとの契約で最初からできないことなのです。

三兆円問題はどうでしょうか。オリンピックに三兆円もかかる、と大騒ぎしたのは、小池都知事と上山氏だけです。以前、私は、場合によっては二兆円を超えるかもしれない、と日本記者クラブで申し上げたことがあります。これは、オリンピックと直接の関係がなくても、国際都市として東京都と国がやらなければならない、警備、セキュリティ、輸送、エネルギー等々の関連事業の経費を含めれば、二兆円を超えるかもしれない、ということであって、そういうものを含めたとしても、関係者の間から三兆円という数字が公式にあがったことは一度もありません。事実、二〇一六年十二月二十一日、組織委員会は総体の予算として、一兆六千億円から一兆八千億円を提示しました。ところが、小池都知事と上山氏は、自分たちで主張したこの三兆円の積算の根拠を、今に至るまで示していません。国民を驚かせ、組織委員会に疑惑の目を向けさせるためだけの、政治的なアドバルーンでしかなかったのですから、示せるはずがないのです。

会場の見直しについては、あきれ返るほどのずさんさです。第一章でも記したように、宮城県の長沼ボート場は、これまで私たちの検討過程でも俎上にのぼり、メリット、デメリットについて議論を尽くし、会場にするのは無理だ、となったところです。それを、小池都知事と上山氏はあえて、安く利用できる既存の施設としてアピールしました。もちろん、無駄な経費は削減すべきでしょうが、私が問題だと思うのは、それまでの検討経過について都の担当者に充分なヒアリングもせず、肝腎の国内競技連盟（NF）や国際競技連盟（IF）の話も聞かず、海の森に代わる候補として打ち出したことです。これは、口にしていた「アスリート・ファースト」にまったく反する姿勢です。

最近、上山氏は会場をごり押ししようとしたのではないか、と疑われるような話が出てきています。上山氏はメールで、長沼ボート場については宮城県の村井知事に、横浜アリーナについては横浜の林（文子）市長に、東京都が面倒をみるから会場として受けなさい、とかなり高圧的な指示をしたのだそうです。長沼ボート場に付設する選手村については、意を受けた村井知事が被災者住宅を二つくっつけて選手用にしたい、と呼応したそうで、都議会でも問題になりかかってきたので、いち早く「調査チーム」を解散してしまったのではないか、と疑われています。

アスリート軽視は水泳会場でも顕著です。既存の施設である東京辰巳国際水泳場を使え、ということだったのですが、そこはオリンピック競技には水深が足りません。そんなことは、最初に日本水泳連盟に問い合わせればすぐにわかったことなのに、そんな基礎的なヒアリングすらなされていませんでした。また、観覧席の増設が難しいことも断念した理由の一つだったようですが、そんなことは現場を見ればすぐにわかることです。

バレーボール会場の有明アリーナの建設は、バスケットボールやハンドボールなど、国内のボールゲーム関係者の悲願でした。一九六四年の東京オリンピックのために建てられた代々木体育館はすでに老朽化し、東京に国際大会ができるだけの競技場がなかったのです。それで今回は、バスケットボールはさいたまスーパーアリーナ、ハンドボールは国立代々木競技場、バドミントンは武蔵野の森総合スポーツ施設を会場とし、有明はバレーボールに譲る、ということで、ボールゲーム全体で有明アリーナの建設を後押ししました。オリンピック後はボールゲーム全体の競技場として活用しようということです。

ところが、小池都知事と上山氏は、既存の横浜アリーナなら、わずか七億円で済む、と主張し、費用の削減を図りました。これは目先の小さな金を惜しみ、将来のレガシー（遺産）を損なう企図だったと言うしかありません。

もちろん、無駄な経費は削減すべきです。なんでもかんでもアスリートの言うことを聞け、野放図に施設を造れ、と言っているのではありません。しかし、きちんとした競技環境を整備してあげることは、明日の日本の青年たちのためなのです。スポーツは日本人を勇気づけ、日本を復興させる力があります。オリンピックはそうした施設整備の千載一遇のチャンスなのです。だからこそ、アスリートたちの意見にも充分に耳を傾けなければなりません。そのうえで、何がレガシーになりうるのか慎重に検討し、削るべきところを削ればいいのです。それが本当の「アスリート・ファースト」だと思います。雨天でも活用できるよう屋根を備えるなど、現代技術の粋を集めた国立競技場の「百年の計」を、経費節減で見直した結果、中途半端な設計にしてしまった愚を、繰り返すべきではないのです。

横浜アリーナについては、パラリンピックへの軽視も問題でした。現状では、バリアフリーなどに充分な対応ができないのですが、そのことを事前にパラリンピック側と協議すらしていません。また、会場として整備するには、周辺に放送施設やウォーミングアップ場など関連施設を確保するなど、クリアしなければならない問題が山積しているのに、その問題の処理に直面する横浜市に対する配慮も、不足していました。

このように上山提言は、政治的パフォーマンス最優先、アスリート軽視、パラリンピック軽視、レガシー軽視だったので、国内・国外の多くのスポーツ団体から大きな反発を受けました。

小池さんとしては、選挙民の手前、削減するぞ、と振り上げたこぶしの落とし所に窮したのではないでしょうか。検討すればするほど上山提言の会場には無理があるとわかるのに、当初の案に戻るのでは、選挙公約に反してしまいます。こうして、IOCのバッハ会長の仲裁を待つしかなくなりました。

IOCとしても、五輪予算の膨張は望むところではありませんから、削減の議論は大賛成です。しかしバッハ会長は、それと同時に小池さんに、すでに長い時間をかけてNFやIFと議論を重ね、IOCの理事会や総会で承認されてきたことを、知事が代わったからと言ってひっくり返すのはルール違反である、とやんわりと釘を刺しました。三会場が当初の案に戻ったのも、当然のことでした。

それにしても、小池さんは都政やオリンピック運営の透明化を叫んでいるのに、ことご自身のことになると、透明とは言い難い面がいろいろとあるようです。事実、三兆円の予算の積算根拠のみならず、会場が当初の案に戻った経緯など、ほとんど説明がありません。あれだけ宮城県民に期待をもたせておきながら、長沼ボート場がなぜダメだったのかについての詳細な説明もなければ、お詫びの言葉もありません。横浜アリーナを断念した経緯もわからなければ、横浜市民に対する「ご迷惑をおかけしました」の一言もありません。

さらに言えば、二〇一六年十二月七日の都議会で、ある自民党議員が、上山氏が職員を通さず政策の方針を決めている、これではブラックボックスで、極めて不健全な都政運営だ、と指摘しています。上山氏は「仮設の費用のうち一千五百億円は都が負担する」という知事室名義のレポートを提出したことがありますが、このレポートはどういう法的権限のもとでなされたのでしょうか。そもそも、橋下（徹）元大阪府知事・元大阪市長のブレーンであった上山氏が、どういう経緯で都政改革本部の特別顧問となったのでしょうか。どういう権限が付与されているのでしょうか。彼の立場に、どういう法的な裏付けがあるのでしょうか。上山氏をはじめ十数人と言われる顧問団への報酬は、都民の税金から出されているのでしょうが、彼らに対する時給七千三百円と言われているお金は、誰が承認したのでしょうか。自宅で仕事をしたとしても時給の対象なのでしょうか。これらについても、まるで説明がないようです。二〇一六年十二月二十二日、会場見直しの議論が終わり、役目を終えたとして、「オリンピック・パラリンピック調査チーム」が解散されましたが、このチームの仕事にどんな意味があったのかを検証する気配すらありません。

政治的パフォーマンスは止めてほしい

私と小池さんとの関係をメディアが面白おかしく取り上げるようになったのは、そもそも政治家としてのスタンスがあまりにも違っていたからではないかと思います。

私が自民党の派閥の一つ、清和会の会長に就任したのは、平成十（一九九八）年十二月でしたが、それからしばらくした平成十四年頃、中川秀直さんが「うちの派に入りたいようだから、会長、入れてあげてもらえませんか」と、小池さんを連れて来ました。これが彼女との最初の接点です。ついでに言うと、中川さんはその頃、衛藤征士郎さんも連れて来ました。

政治家というのは、一回当選を勝ち取るのはほんとに命がけです。その必死の選挙を二回、三回と勝ちぬいていく中で、さらに選挙民に認めてもらい、喜んでもらうためには、何らかのポストにつかなければなりません。政治家はポストにつかなければ仕事ができません。わずか一年くらいの政務次官（現在は大臣政務官）であれ、委員長であれ、部会長であれ、ポストにつくことによって仕事をし、力量が認められ、名をあげ、役人の世界で存在感を示す、というのが政治家が出世をしていく道なのです。派閥という古臭い政治の世界は、そうして生きて行く政治家たちの研鑽の場であり、助け合いの場でもあるのですが、そこで揉まれている政治家には、よそから当選回数の多い人が入って来ることに、複雑な思いがあります。派閥に割り振られた数少ない閣僚ポストや役員ポストを、新しく入って来た人に取られてしまうことがあるからです。

たとえば私にしても、所属していた福田（赳夫）派や安倍（晋太郎）派に、石原慎太郎さんや中川一郎さんが途中から入って来たときには、つらく、くやしい思いをしたものです。みんな口には出さないけれども、腹の中では不満でした。名門の出でも、有力政治家の二世、三世でもない、あるいは卓越した能力を持つ官僚出身者でもない、徒手空拳で這い上がってきた政治家たち、私もその一人だと自負していますが、そういう政治家たちにとって、いきなり自分の上によその人が据えられるのは、愉快であるはずがありません。しかし、それでも与えられた環境で頑張るしかないのです。

当時、小池さんは、参議院議員から転進したあとの、衆議院議員三期目で、細川日本新党から小沢新進党、自由党、さらに保守党、保守クラブを経て自民党入りをしていました。小池さんや衛藤さんの清和会入りは、確実に何らかのポスト狙いです。しかし私は、そうした下積み政治家のつらい思いをよく知っているだけに、彼らのポスト狙いを認めるわけにはいきません。一方で、数が増えることは、派閥にとって悪いことではありません。それで、お二人にそれぞれこう言いました。

「閣僚のポストや役員のポストがほしいということでお入りになるのなら、私が会長である限り、そうしたポストにはつけません。仲間みんなの立場があります。それでよければ、どうぞ入って来てください。いやなら、おやめいただいても結構です」

もし小池さんに、私に対して何か含むところがあるとするなら、あるいはそれは、ここから始まったのかもしれません。世間では、小池さんが自民党の総裁選挙に出たことに私が怒った、ということになっているようですが、そんなことはありません。

小池さんは人と上手に組んで政界を渡ってこられた方です。細川（護熙《もりひろ》）方式だとか、小沢（一郎）方式だとか、小泉（純一郎）方式だとか、いろいろ言われていますが、そういうところで何かを学んでこられたのでしょう。しかし、何を学び、何をなさろうとご自由だが、何度も言うけれども、オリンピックを政争の道具にすることだけはお止めいただきたい。既設の横浜アリーナを使えば七億円、新設の有明アリーナなら四百億円と言われれば、何も知らされていない都民は、横浜アリーナがいいと言うに決まっています。しかしその裏には、事情も経緯も、世界の人たちとの約束もあるのです。その間の説明をせずに、組織委員会が野放図に無駄遣いをしているかのように吹聴するのは、ポピュリズムであり、「ためにする」言説です。

私は組織委員会の職員たちのためにも、小池さんに、これまで、伏魔殿だ、ブラックボックスだ、悪の巣窟だ、とおっしゃってきたことの説明がほしい。職員たちはそんな根拠のない悪口に耐え、オリンピックの成功のために頑張ってきたのです。職員だけではありません。彼らの家族や知人たちも、つらい思いをしているはずです。組織委員会のこれまでの仕事のどこに不正があり、どこに放漫さがあり、どこが「悪」なのか、小池さんに、きちんとした説明をお願いしたい。

『週刊文春』に反論する

森・小池の対立の構図は、メディアの格好のネタとなっているようで、小池都知事が登場して以来、テレビ、夕刊紙やスポーツ紙、週刊誌などで面白おかしく、さかんに報じられていますが、どれもまったくデタラメなものです。

二〇一六年の十二月、入院治療中に、ベッドですることもないのでテレビを見ていて、その内容のあまりのいい加減さに驚いたことがありました。フジテレビの安藤優子さんの番組「直撃LIVEグッディ！」で、十一月二十九日に開かれた、会場見直しに決着をつけるIOCと国と都と組織委員会による四者協議の模様を伝えていたのですが、番組の狙いは、私と小池さんとを対立させようとするところにありました。

安藤さんが解説を加えながら進行する構成で、初めに、四者協議の会場に私が一人でいるところを映し出し、「十分経っても誰も来ません。森会長はぼーっと座って待っています」と語り出しました。やがてコーツ副会長、丸川（珠代）大臣、最後に小池都知事が入って来るのですが、これについて安藤さんは、「この場をメディアに公開するかしないかの議論になり、結局、小池さんの主張が通って公開が決まり、それで開会が遅れたのですが、森会長は知りませんでした」と言います。次いでコーツさんの「これは公開にします」という発言があって、私の眉をひそめたような顔を映し、切り返して小池さんのにっこり笑っている顔を映して、「森さんは知らなくて眉をひそめました。小池さんはしてやったりという表情です」と続けます。さらに、協議の途中で私はうっかりペンを落としたのですが、そのペンを拾っているところをまた映して、「森さんは狼《ろう》狽《ばい》のあまりペンを落としました」と解説するのです。

これはいくらなんでもデタラメが過ぎます。その場をメディアに公開することは、私は最初から知っていました。コーツさんは、「メディア公開なんて前例がないからやめてほしい。どうしてもやるというなら、細かな議論をする際には人の名前が出たりもするから、最初と最後だけにしてほしい」と言って、小池さんのところにその交渉に行ったのですが、私はそんなことはどうでもいいし、交渉するのもばかばかしいと思って、先に会場に入っていただけです。

こんな妄想ともいえる物語を作り、公共の電波を使ってまことしやかに流すのですから、さすがに腹が立って、すぐにフジテレビの知り合いの記者に電話をしました。「今流れている番組を見ていますか」「見ています。ひどいですね」「そう言うけど、あなたの会社の番組ですよ」「あれは娯楽番組で、報道部のものじゃないんです」「それはわかっているけれど、私からこんな電話があったと、番組の責任者には伝えてください。メディアへの公開は知っていた、そんなばかばかしい議論に関わる気はなかったから先に行って座っていただけだ、こんな失礼で一方的な番組編成に重大な抗議を申し込む、と」

こんなやりとりをしたあと、テレビを見続けていたら、私の抗議が届いたのか途中から安藤さんの顔色が変わり、それから全然ものを言わなくなりました。そして、次のコーナーに移り、そのコーナーの終わりに、若い男のアナウンサーが、「先ほどのコーナーにつき、森会長から、メディアへの公開は事前に知っていた、狼狽うんぬんは極めて失礼である、という趣旨の抗議のお電話をいただきました。ご迷惑をおかけしたことをお詫び申し上げます」と言いました。

これは二重の意味で情けない話です。まず、解説をしていたのは安藤優子さんです。お詫びをするなら安藤さんがするべきでしょう。

それ以上に情けないのは、娯楽番組であろうが、制作を請け負った会社が中身を作ろうが、公共の電波を使って放送した以上は、フジテレビはそれなりの覚悟を持つべきだということです。抗議があったからお詫びするというのでは、あまりにメディアとしての骨がない。森会長から抗議があったが、それは番組への圧力である、取材には自信を持っているのだから、意見があるなら受けて立つ、くらいのことを言うのがメディアとしての矜持《きょうじ》ではないか。

でも、今までいろいろなメディアでさんざんに叩かれてきたけれど、じつはその大多数は、これと似たりよったりのいい加減なものなのです。日本の一部のメディアの質に、私は本当に危機感を抱いています。

本書は、ある人に紹介され、初めは文藝春秋企画出版編集部で作っていたのですが、事情があって、最終的に刊行は幻冬舎にお願いすることにしました。その事情とは、以下のようなことです。

文藝春秋企画出版編集部の本体である文藝春秋という会社は、『週刊文春』で私への故なき批判を繰り返しています。そうした出版社から本を出すことに、正直複雑な思いがあったのですが、私の思いをきちんとまとめてくれるのなら、ここで製作してもよい、と当初は割り切っていました。その一方で、『週刊文春』の記事における私への誹謗中傷に対しては、法的にきちんと対処すべきだと思い、名誉毀損の訴訟を起こしました。訴状は裁判所から二〇一七年二月頃、文藝春秋に届いたようです。すると文藝春秋は「本書の刊行はできない」と通告してきました。自社の雑誌の記事をめぐって係争中の人の本を、同じ会社から出すわけにいかない、と言うのです。私には、訴訟を取り下げる気は毛頭ありません。それでは筋が通らないし、私の誇りが許しません。それで、刊行は文藝春秋ではなく、幻冬舎にお願いすることにしたわけです。係争中だから本が出せないということについては、私はいまだに納得できていません。文藝春秋も度量が狭いな、と感じています。

私も言うべきことは言っておきたいので、以下、『週刊文春』の記事に反論しておきます。

この半年ほどで『週刊文春』に、私に対する誹謗記事が、主なものだけで五つ出ました。時系列で記すと、以下です。

①「森喜朗親密企業が五輪案件を続々受注」（『週刊文春』二〇一六年九月十五日号）
②「五輪のドン森喜朗の『暗部』」（『週刊文春』二〇一六年十月十三日号）
③「森喜朗79歳。何がめでたい」（『週刊文春』二〇一六年十二月八日号）
④「電通の真実　森喜朗に献金400万円　東京五輪をめぐる蜜月」（『週刊文春』二〇一六年十二月二十二日号）
⑤「森喜朗（79歳）『しがみつく勇気』」（『週刊文春』二〇一七年一月五・十二日新年特大号）

①②④の記事に通底しているのは、私が組織委員会の会長である立場を利用して、東京オリンピックの施設建設や、マーケティング専任代理店指名などに、知り合いの企業に便宜を図り、そのことで何らかの見返りを得ている、と匂わすことです。

本書でこれまで何度も述べて来たように、組織委員会は施設の建設に直接タッチしていません。契約を交わし、工事を発注するのは都であり、私たちは関係各団体の意見を調整し、まとめる役割を果たしているだけです。都の担当者に直接働きかけて工事に口を差し挟むことなど、できるわけがありません。新国立競技場の建設についても同様で、あれは国と都の仕事です。我々は利用する側として意見を述べただけです。このことは、本書をここまでお読みになった方には、充分おわかりいただけると思います。

ところが、①②の記事は、私の政治家時代の企業からの献金をとりあげ、さもその献金企業が、私が裏で動くことで、新国立競技場や海の森などの建設工事を落札したかのように書いています。

また、組織委員会が虎ノ門ヒルズに入居していることを、不当に高い賃料で借りているかのように報じてもいます。私と、大家さんである森ビルとの間に何らかの癒着がある、と言いたいようですが、現実には、森ビルさんに賃料を可能な限りリーズナブルな価格に抑えていただいています。もちろん、記事にはそのことについて一切言及がありません。

ついでに言うと、虎ノ門ヒルズへの入居については、毎日新聞の山田孝男記者がその署名コラム「風知草」（二〇一六年十月三十一日）で、こういう趣旨の批判をしていました。「賃料が法外に高く、セキュリティが厳重で記者が見学も取材もできないようなところに、組織委員会が入居しているのはいかがなものか。過去の東京オリンピックでは、安川第五郎さんの組織委員会は、手狭な使い古しの施設で頑張っていた」。賃料が妥当か、不当に高いかは、きちんと調べればわかると思うのですが、それ以上にあきれたのは、ネット社会とセキュリティへの感覚です。五十年前はともかく、現代のようなテロが横行する時代に、内外の要人たちが出入りする組織委員会が、セキュリティがおろそかな建物に入居できるものでしょうか。使い古しの施設に入居していてなんらかのテロ事件が起こったりしたら、おそらくこういう記者は真先に、なぜセキュリティがおろそかな建物に入居したのだ、と糾弾するのでしょう。セキュリティだけではありません。この国際化したIT時代、テレビ会議やインターネット等、内外にわたる膨大な情報のやりとりは、最新の通信機器・環境が整備されて初めて可能なのであって、どんな施設に入居してもいい、というわけにはいかないのです。

こうした、とりあえず組織委員会を批判していればいい、という軽率・浅慮としか言いようのない記事は、それこそ枚挙にいとまがありません。

④の「電通への便宜供与疑惑」記事については、あまりにばかばかしくて反論する気さえ失せるほどです。政治家時代、私が電通から十九年間で四百万円の献金を受けた、と指摘しているのですが、その恩恵を忘れない私が便宜を図ったことで、電通が組織委員会に食い込むことができた、と言いたいのでしょうか。

どの記事も、私に批判されてしかるべき事実があり、それを編集部が摑んで書いた、というのではなく、そういう構図を描いて眺めれば、そういうふうにも見える、と匂わせているだけです。初めから、森を叩く、という結論があって、そこから取材を始めているのでしょう。「火のないところに煙は立たぬ」と言いますが、これは「火のないところに煙を立てる」記事なのです。

事情がわかっている人には、デタラメであることがすぐに読みとれますが、一般の国民は、タイトルだけで私に疑惑の目を向けることになるでしょう。なにしろ、「親密企業」「暗部」「蜜月」と、さも私が後ろ暗い人物であるかのように、目いっぱい煽っているからです。

③の記事は、全体が私への揶揄です。上山提言の会場見直し問題が、バレーボール会場以外、それまでの組織委員会案に落着した経緯を報じながら、ひたすら私の「責任転嫁」を論じます。いわく「新国立競技場問題に始まる混迷の責任が森氏にあるのは言うまでもない」、「海の森は高騰する整備費が批判されたが、森氏はここでも責任転嫁する」。しかし、責任転嫁とは、そのことに責任がある場合に言われるのであって、何度も言うように、私は新国立競技場の建設にも、海の森の工事発注にも関係していません。それを関係しているかのように言うのは、ろくに取材をしていないか、知っていてあえ

て私をおとしめようとしているか、のどちらかでしょう。こう言うとまた週刊誌側は、「開き直り」ととるのでしょうが、いずれにせよ、最初から私を叩くという方向性は決まっているのですから、何を言っても無駄なのかもしれません。私が電話取材に応じないことを知りながら電話をかけてきて、私から「コメントしない」という言葉を引き出すことで、「ちゃんと取材した」というアリバイにするのですから、タチが悪い。

⑤の記事も、初めから、私が仕事をしていることが「老害」である、とするものです。私の後援会の方々や知人を取材して回り、何か足を引っ張る材料を見つけようとしたのでしょうが、見つからなかった。当然です。私にやましいことは何一つない。それで、元気で仕事をしていることが、さも悪いことであるかのように書いている。これも、私のイメージを下げることだけが目的なのでしょう。

ならば、これらの記事に対して、抗議をすればいいではないか、と言われそうですが、こうした記事にいちいち訴訟を起こすのは、個人には大変な労力です。時間もお金もかかります。そんなことをしているうちに、私は寿命を終えるかもしれません。もちろん、現在、文藝春秋と新潮社を相手に訴訟を起こしたように、重大な名誉毀損には、しかるべき法的手段をとりますが、そんなわずらわしいことに、正直、関わりたくはありません。

こうした『週刊文春』の報道を見ていると、これが一流と言われる出版社の仕事なのだろうか、と疑問に思います。あらかじめ「売らんかな」で企画を立て、それに沿って記事を仕立てているのでしょうが、売れさえすれば、何を書いてもいいのでしょうか。その記事で迷惑をこうむる人たちに、何と釈明するのでしょうか。

ここでは、たまたま『週刊文春』を集中的に批判しましたが、この問題は『週刊文春』のみならず、他の多くの雑誌や出版物でも見られます。例えば『週刊新潮』は、以前から一貫して私を誹謗中傷する記事を載せ続けています。二〇一七年の一月二十六日号では、「森喜朗、政界引退後も稼ぐ『黒い政治資金』3年間で計2億円超え」という記事が出ました。私は法に触れるようなお金は受け取っておらず、立場を利用した、なんらの便宜供与もしておりません。それなのに記事では、根拠も示さず、初めから、後ろ暗い癒着があるに違いない、という思い込みで「黒い政治資金を荒稼ぎしている」と書き立てるのです。こういうやり方で、一人の人間を社会的に葬り去ってしまうことは可能です。名誉を重んじる人は、辞めざるを得なくなります。

出版という事業は、一つの文化活動だと思いますが、こうしたやり方は、文化の恥さらし、文化の自殺ではないでしょうか。

週刊誌とテレビのニュースショー、芸能スポーツ新聞は、お互いに記事を使い回ししています。きちんと取材しているところは、ほとんどありません。最近はこれに、出所が不明のいい加減な話がネットに出回り、それがメディアに流れて、デタラメな情報の氾濫を呼んでいます。

テレビや新聞や出版メディアが見識をなくしたら、日本の文化はどうなるのか、寒々しい思いをしているのは私だけではないでしょう。

猪瀬元都知事の大罪

ここまで、主に小池流「見直し」とは何だったのかについてお話ししてきましたが、本当はもっともっとリアルな出来事があり、それらをここに書き尽くせないのは残念です。正直なところ本書で、オリンピックにまつわるそうしたリアルなことがらを、すべて書いておきたかった。例えば、私が健康問題で今の仕事を続けられなくなったら、誰に代わってもらうのがいいと思うのか、などについても、本当は書いておきたかった。

しかし、すべてを書くと、関係する人たちに迷惑をかけることにもなりかねないし、紙幅も足りないので、書かないことにしたのです。

しかし、この人物についてだけは、やはり書き落とすわけにはいきません。たびたび本書に登場する猪瀬元都知事です。彼については、もう少し詳しく申し上げておかねばならない。

この人は、石原慎太郎さんと親しいノンフィクション作家で、石原さんとの関係から、石原都知事時代に副知事になったと聞いています。しかし私は、作家としては評価をしていません。官僚機構にメスを入れると言って、道路公団の民営化などにも関わったようですが、書いているものは、ことの本質に届いておらず、表面に表われた叩きやすい矛盾をつついているだけ、という印象です。その彼が、都知事選に臨む際、一時借りたとして五千万円を手にした事件が発覚、マスコミや都議会に追及され、辞任しました。通常の感覚があれば、それはしてはならないことだ、とすぐわかるはずですが、わからなかったのですから驚きです。一千数百万人の都民の暮らしを守るべき都知事としては、行政を停滞・混乱させる、あきれかえるほどの無責任です。

もっと言えば、築地市場の移転問題はここでは一切触れたくないのですが、彼にもこの問題に対する責任の一端があるはずです。石原さんに責任があるというのなら、石原都政で副知事だった、そして石原さんのあとの都知事でもあった彼にも、責任があるといえるでしょう。しかし、オリンピックの会場見直し問題が出て来たあたりから、あちこちのテレビ番組に頻繁に顔を出すようになった彼は、私の悪口を言ったり、自分の主張を正当化したりしていながら、この市場問題については、一切何も触れません。このことに、不誠実だとか卑怯だとかということを越えて、滑稽さすら感じています。このあるテレビ番組での東国原（英夫）元宮崎県知事との対談を見ていたら、「五千万円を手にしたのは悪かった」とは考えておらず、「手にしたのは罠だった」と言うのです。しかも、「その罠を仕掛けたのは、森喜朗と都議会議員の内田茂だ」とまで言い出しました。公共の電波を使って、よくも恥ずかしげもなくそんなことが言えるものだ、とあきれ果てました。カネの疑惑をもたれてはならない立場の人が、一時借りただけだと釈明はしたものの五千万円もの大金を用立ててもらったことは素直に認めた以上、今は謹慎していなければならないのではないか、と私はあえて言いたい。

彼は、二〇一七年一月に『東京の敵』（角川新書）という本を出し、そこで私を名指しして「オリンピックを迷走させている元凶」のように書いています。その本にあるのは、見苦しい自己弁護と、東京にオリンピックを招致した自慢話と、「森は無責任な男だ」という私に対する批判ですが、この批判たるや、ことごとく的の外れたものです。事実関係を理解していないのか、それとも理解はしているけれど意図的に曲げているのかはよくわかりませんが、「五輪をめぐるあらゆるトラブルは、森の無責任のせいである」とする彼の発言のほうが、よほど無責任でしょう。彼の書いていることがいかにでたらめかは、彼の本と本書とを読み比べてもらえば、どなたにもすぐにおわかりいただけると思います。

なぜ彼は、こんなにもオリンピック問題に口を出し、小池都知事とタッグを組んで私を攻撃しているのでしょうか。私は、それは組織委員会の会長になれなかった逆恨みではないかと考えています。

何度も繰り返しますが、彼はオリンピックを東京に招致したときの責任者でした。招致後の二〇一三年九月、彼は知事として、彼を中心とした組織委員会の「組閣」を検討し始め、当初は自分が会長になることに非常にこだわりを見せたようです。しかし、主催都市の長は組織委員会の会長にはなれない決まりなのだと、みなさんから注意を受け、しぶしぶ名誉会長で我慢することにしたらしい。そして会長は竹田JOC会長に、事務総長は水野JOC副会長にあてました。いずれも誘致のときに活躍した人たちです。さらに広報局長に、彼の特別秘書であるIという人物をあてました。ちなみにI氏は、東京都庁詰めの新聞記者としてオリンピック問題に関わる中、猪瀬元知事の目にとまり、彼の特別秘書になったのですが、猪瀬氏失脚と同時に失職し、古巣の某新聞社に出戻りました。

この人たちはすでに名刺まで準備していたと、都庁の人たちから何度も聞きました。

ところが、猪瀬氏自身は五千万円事件で失脚し、水野氏はスポーツ用品のミズノの会長であるというコンプライアンスの問題を指摘され、IOCからノーと言われて、結局この「組閣」はすべて失敗に終わりました。その頃、オリンピック関係者や東京都議団、官邸の間で、会長を誰にするかということが問題になり、財界から誰か出てもらえるように、私に交渉してほしいという要請がきました。

猪瀬氏はあるテレビ番組で「森は自分が会長になりたいものだから、財界人から出させなかった」と、妄想ともいえる暴言を吐いています。そして、自分でも会長に財界人を用意していた、とまで言うのですが（前述の『東京の敵』でも同様の話をしています）、そんな一言もないまま、彼は失脚したのです。財界人に出てもらうために私がどう動いたのかについては、すでに本書に詳しく記したので、彼の発言に根も葉もないことは説明するまでもないでしょう。財界の正統派である経団連とも相談し、経済同友会や商工会議所の意見も聞きながら人選を進めたのですが、誰も引き受け手がおらず、やむなく私が、これも運命かなあと、会長を受けざるを得なくなったのです。

私はガンであるうえに高齢です。オリンピックまであと三年あまりですが、最後まで仕事をやりおおせるかどうか、私自身が疑問です。しかし、とにかく基礎固めだけはきちんとしておこう、まずは各関係団体がいろいろと意見を主張し合うだろうから、そういうことを調整するには私が適任だろう、と思って引き受けたのです。

開会式の華やかな舞台に立ちたいなど、私は微塵も考えていません。それどころか、みんなにも冗談半分に言うのですが、元気でいたとしても、きっと階段が上がれなくなっているでしょう。事実、今も階段は、手すりにつかまらないと上がれません。体育の祭典であるオリンピックで、杖をついたり、人の手を借りて階段を上がったりするような姿は、私は死んでも人に見せたくありません。

このように、最後まで務められないかもしれないということと、しかし、日本をスポーツで再生させるための最後のご奉公に尽力したいという気持ちから、私は、会長職はボランティアでやる、一切報酬はもらわない、と決めました。これが私の矜持であり、生き方だと思っています。

それだけに猪瀬元知事が、小池知事の登場に便乗して、待ってましたとばかりにテレビに登場し、自分のやったことはけろりと忘れ、人から陥れられた、騙された、とばかり主張し、あげくの果てに私の悪口まで公共の電波を使って言いつのり、本にまで書いていることは、私には断じて許せません。天網恢々《かいかい》疎にして漏らさず。神様がいるとしたら、とてもこの人をお許しになるとは思えないのです。

【緊急追記】（二〇一七年三月二十六日）

本年一月初めにここまで書いて、本書の執筆はすべて終了していたはずでしたが、その後、思いもかけない事態が生じました。その新事態については、ある個人の名誉に関わることでもあり、ここに書き残すべきかどうか、かなり迷いましたが、やはり記録として残しておくべきだ、と思い至り、本人の了解を得て緊急追記をすることにいたしました。

小池都知事の当面のターゲットは七月に行なわれる都議選にあるようで、そのためか、都知事と、私をはじめとする組織委員会とは、今はいわゆる小康状態にあるように見えます。都議選に勝てば、都知事の思いは、次は国政に向かうのかもしれません。今までの行状から見ても、オリンピックそのものについて、都知事にそれほどの強い関心があるようには思えないからです。しかし、もっぱら「組織委員会を自分の意のままにしたい」という思いだけは、依然として強いものがあるようです。

じつは組織委員会の私のもとに、都から出向して来ている極めて有能な平山哲也氏（以下平山さんと呼ぶ）という人がいるのですが、この人に対し都知事からこの一月、青天の霹靂《へきれき》のような異動の発令がありました。一月末をもって組織委員会を辞め、都に引き揚げよ、都での次の職務は未定である、というのです。平山さんは私の片腕のような人で、内閣でいえば官房長官に当たる人ですが、その彼をこの時期に、理由も示さず都庁へ帰せと言うのですから、私だけでなく、組織委員会も、都庁も、何事が起こったのだ、と驚きました。平山さんは石原さんが都知事のときからオリンピックの準備に関わってきた、オリンピックについてはすべてを熟知していて余人に代え難い人です。彼がいなくなったら、今後の組織委員会の運営に重大な支障をきたすでしょう。

前にも記しましたが、IOCから、リオオリンピック以降は、組織委員会の幹部クラスは、出向元に戻したり、人事交代しないでくれ、と強く言われてきました。開催まで四年を切った時期以降の幹部の異動は、業務の混乱・遅滞を招きかねないからです。それで、我々もIOCにそれを約束し、組織委員会のみんなにも「出向元には、オリンピックが終わるまでは帰れないと思ってくれ」と訓示し、都をはじめとした出向元にも、同様のお願いをしてきました。ところが、こともあろうに東京都知事の口から、「平山さんを帰せ」という言葉が出てきたわけです。

小池さんに親しい私共の役員から、どうしてこんな人事をするのか、と尋ねたら、都知事は「私は平山さんがどういう人か知らないの。でも、そうしたほうがいい、と進言する人がいたんです」というようなことを言ったのだそうです。都知事にそんな進言ができるのは、本来なら副知事か人事に関わる幹部クラスの人間でしょうが、彼らがそんなことを言うはずはありません。では、誰が言ったのか。なぜそんな言葉を都知事がすぐに実行に移したのかを考えると、言ったのは知事の側近の人たちだろうと容易に推察できます。

人事の発令を受け、直ちに都庁の組織委員会の担当者が「どこへ帰すんですか？」と都知事に聞いたら、「そんなことは知らない。ただ帰すだけよ」と言うので、「それでは本人だけでなく、組織委員会も会長も困るでしょう」と言ったら、「そんなこと、私は知らないわよ」という返事だったそうです。

私は、小池都知事は本性をむき出しにし始めたな、と感じています。私の手足をもぎ、組織委員会の仕事を妨害することで、私がギブアップし、会長を辞めることを期待しているのでしょう。むろん、私はそんなことでは辞めません。ただ、ガンの進行次第で、いずれどこかの時点で、私も会長職を辞することになるでしょうけれど、一生懸命やってくれている職員たちのことを考えると、そう無責任に仕事を放り出すわけにはいきません。しかし、私を追い落とそうとする動きは、小康状態の中でも刻々と強まっているように思えます。率直な心境を記せば、私は今、二つの死の恐怖と闘っているようなものです。一つはガンであり、一つは小池都知事の刃《やいば》です。

平山さんはこの三月、都庁を退職しました。そして組織委員会に残ることになりました。彼はたしか五十歳くらいで、これからの東京都の有力な幹部候補と言われていただけに、将来のこと、家族のことなど、すごく悩んだそうですが、自分には社会的な責任があると考え、そういう決断をしたようです。都から出向してここでいくら頑張っても、出世の面では同期の連中に遅れてしまいます。それでも、オリンピックの成功のために、平山さんはずっと頑張ってきました。そして、この仕事を辞めるわけにはいかないと、都の職員を辞めるほうを選んだのです。

私は、小池都知事は組織委員会のヘゲモニー（主導権）を握るためには、オリンピックの準備などどうなってもいい、と思っているのではないか、と疑っています。また、果たしてそんな都知事に、こんな人事で人生を左右される人の痛み・苦しみがわかるのだろうか、とも疑っています。

繰り返しになりますが、重要なことだと思うので、最後に再度、申し上げます。

オリンピック用道路、駐車場の整備への取り組みを見ると、都知事にはオリンピック成功に向けた熱意がないのではないかと思えてなりません。晴海の選手村と国立競技場をつなぐ環状二号線建設や、築地市場の跡地利用としての駐車場造成は、豊洲市場への移転判断先送りで、いまだに宙に浮いたままです。道路や駐車場の整備はＩＯＣとの約束で、正式な文書が当時の猪瀬都知事と交わされている。これらが整備されなければ、オリンピックに大きな支障をきたすだけでなく、都民の日常生活にも大混乱を招くでしょう。道は何本もある、と小池都知事はおっしゃっているようですが、ことの重大さが本当にわかっているのでしょうか。都の担当者と組織委員会だけが、今、この問題で頭を抱えています。

オリンピックに向けた準備が今、都知事の豊洲市場への移転判断先送りにより、こんな難関にあることだけは、都民そして国民のみなさんに、最後にきちんと言っておきたいのです。

おわりに

本書を閉じるにあたり、このことだけは記しておきたい。

この本を書くに際して、私は妻にいろいろと相談をした。

いささか口はばったくはあるが、妻は非常に利口な人である。彼女は、私の一言一句、私が書いたもののすべてを点検し、自分なりの意見を述べる。それには、なるほどと思わされることがずいぶんある。口出しはあまりしないが、私に対する意見はきわめて厳しく、また至言でもある。

じつは、タイトル案は二転三転した。当初、「遺言」という言葉を入れようと思い、妻に相談した。すると妻は賛成してくれ、そして「この際、思い切って会長を辞めたらどうですか」と言ったのである。正直、これには私も驚かされた。

私はずいぶんと迷った。「覚悟」という言葉にしたほうがいい、と助言してくれる人もあったからだ。「覚悟」なら、東京五輪へ向けた強い決意表明になるが、「遺言」では、あまりに寂しいうえに、まるで組織委員会会長を辞めるかのようにとられてしまう、と言うのである。

確かに、この助言には一理ある。しかし、私のガンとの闘いはこの新薬で完治したのか、一時的に押さえられているだけなのか先が読めない。いつ任務をまっとうできなくなるかわからない。そうした健康上の問題があるのに加え、後世のためにどうしても事実を書き残さねばならない、私の思うところを伝えておかねばならない、と覚悟をした。本書では多くの方々を実名を上げて登場させていただいている。これらのことを考慮して私は最終的に、タイトルを「遺書」にした。「遺書」なら机の引き出しの奥にしまうこともできる。「覚悟」と「遺言」を自民党流で足して二で割る手法で「遺書」に決めた。

妻はこの間の、私を悪者に仕立てる東京オリンピック関連の無責任な報道、特に小池都知事が登場してからの、メディアの悪意を持って囃し立てる報道を前にして、毎日毎日、我慢の連続だったのだと思う。気丈な人だから強がりは言っているが、最近はやせ細り、あまり食事もとらなくなってしまった。私と同い年という年齢的なことや、私の看護・介護で疲れているということからすれば、それも無理からぬところではあるが、それにしても、私より先に倒れてしまうのではないかと心配である。

ただ不思議なことに、妻にはどこにも病気がないように見える。本人も「どこも悪くない」と言う。医者によく診てもらえと言っても、「いやです。八十近くにもなれば、どこか悪いところがあるに決まっています。だからと言って、私が寝込んで倒れたら、結局、困るのはあなたでしょう。だから私は、あなたより一日でも長生きするつもりです」と、いつもそう返すのである。

そんな妻が、ここへ来て私に「すべてを本に書き残しておいたほうがいい」と言う。それは彼女自身に、言いたいことが山のようにあるからだろう。我慢強い人ではあるが、我慢がならない悔しい気持ちが、積もり積もっているのだと思う。以前、あることで私が、テレビで根も葉もない批判を受けたとき、「あんな馬鹿なこと、言われっぱなしでいいの。きちんと反論を書いておかなきゃ」と言っていたことを思い出す。

彼女は横浜の一商人の娘だった。四人姉妹の次女で、横浜共立学園から早稲田大学に進んだ。当時、早稲田には女子学生は少なかったのだが、私には彼女と出会う機会があり、つき合いを始めた。しっかりしていたが、政治にも行政にも関係のない世界に生まれ、生きてきた人だった。

昭和三十七（一九六二）年、私は彼女と結婚をした。早稲田を出てから私は、新聞記者や政治家の秘書をした。そうした半分定職を持たないような私に、妻はじっと我慢してついて来てくれた。もちろん当初は共働きで、当時、月給は彼女のほうが多かったことを記憶している。

昭和三十九（一九六四）年に長男、昭和四十三（一九六八）年に長女が生まれた。そしてその昭和四十三年、私は衆議院議員選挙に出馬しようと、妻と息子、娘を連れて石川県の郷里へ帰った。そこから私の選挙運動が始まったのである。これはもう筆舌に尽くしがたい闘いだったのであるが、ここでそのことに触れる紙面の余裕はない。

妻も、私と同じ運命にあった。四歳の息子の手を引き、生まれて半年の娘を背中に背負いながら、私と一緒に懸命の選挙運動を始めた。なにしろ横浜の生まれなので、石川県には何の縁もない。親戚も友だちもいなければ、相談するところも、子供を預けるところも、よりかかるところもなかったのだから、妻はどんなに辛かったことだろう。私の郷里の家族、親戚、周囲の人たちは、温かくも厳しい目で、妻を見ていたようだが、それにもよく耐えたと思う。そして、この第一回目の選挙に、無所属の私は当選をした。その半分以上は、妻のおかげだと思っている。

以後、選挙を十四回闘ったが、一回も失敗することなく、四十三年間、政治の道を順調に、いや順調過ぎるくらいに歩んできた。その間ずっと妻は、政治家の女房としての常識的なお付き合いだけをし、人前には出ず、二人の子供を育ててきた。今、彼女の人生を振り返ると、私の犠牲となって生きてきたようなものである。私が七十五歳で政治家からの引退を決めたのも、あと五年か十年は生きられるだろうから、せめてその時間は、のんびりと女房孝行をしよう、と思ったからである。

私自身、仕事でいろいろな国に出かけているが、その国の首都ばかり歩き、景勝地や観光地に行ったことがない。日本の国の政治家として、足を踏み入れていない道府県はないが、名勝地などにはほとんど行っていない。まして、妻を連れて行ったことはない。せめて残された五年、十年は、ボーナスとして妻を旅行に連れて行きたい。一緒に温泉に行きたい。散策もしたい。そういう思いで、じつは楽しみにして引退をしたのである。

しかし、結果として私は、組織委員会の会長を務めることになった。私がまた忙しい思いをするだけではなく、妻には精神的な苦痛ばかり与えることになってしまった。心ない新聞、週刊誌、テレビといったメディアが、愚かな意見で自分の夫を叩き、おとしめている中、彼女はじっと耐えているのである。

耐えているのは妻ばかりではない。娘や孫たち、そして私の知人や秘書といった人たちにも、同じように辛い思いをさせている。しかし、みんなはそれにめげず、一緒に闘ってくれている。これには感謝の思いしかない。

私は心の中で妻に、「すまん、すまん」と手を合わせるような毎日である。せめて私がこの本を書くことによって、妻の友人、知人たちに、本当のところを理解してもらい、自分からものが言えない彼女の辛さを感じてもらえたなら、妻も救われるのではないか。そういう思いで本書を著した。つまりこの本は、ある意味では妻に捧げる本なのである。できうれば、いずれ私のあとに静かに来てくれないかと願っている。

最後に、本書を監修しさまざまな助言をしてくれた、同じ大西鐵之祐元早大ラグビー部監督の門下生で、三十五年余に及ぶ「森番記者」の秋山光人氏に、深甚な感謝の意を捧げたい。

二〇一七年三月吉日

森　喜朗

解説

秋山光人

森元首相は政界きっての座談の名手である。当意即妙な受け答えや比喩、豊富なエピソードを交えた話題が尽きない。代議士秘書から総理大臣まで上り詰めた四十三年間の政治生活を通じて、政界にとどまらず経済、マスコミ、スポーツ、芸能、官庁、地元石川県や母校の早稲田大学出身者など各界各層との多彩な人脈を築いた。個々の人々との縁を大事にしているので濃密な交わりが、座談の土壌となり、味となる。

気配りの人でもある。知人にお祝いのネクタイをプレゼントする際には、百貨店に足を運んで柄を選ぶ。毎年、政界を除く知人、友人、支持者を集めて大規模な忘年会を開催していたが、大半の客と顔見知りだった。長い年月を経て手作りのコミュニケーションの輪を形成している。

逆にマスコミ対応は必ずしも狙い通りにはいかず、しばしば本人が臍《ほぞ》を噬《か》む結果となる。カメラやウェブサイトの向こう側の顔が見えない不特定多数に向かって、計算づくの意見を言いたくないのだ。

早大卒業後、まずは産経新聞社に入り、系列経済紙の記者としてホンダやコマツなど企業取材を経験している。だから本当は礼儀正しく正攻法でぶつかってくる若い記者が好きなのだ。立ち回り先を長時間張り込んだり、一片のコメントを取るため労を惜しまない記者にはつい特ダネを漏らしてしまう。

一方、メールや電話取材には応じない。トランプ米大統領のようにツイッターやフェイスブックで一方的に自己主張する策を嫌う。敵を作ってもテレビ情報番組、雑誌等の大衆ジャーナリズムには媚《こび》を売らない。時として短時間の無愛想な応答は、太めの体躯とあいまって傲岸な態度に映り、週刊誌やテレビのワイドショーの格好の標的となる。

聴衆を前に演説すると、ついついサービス精神を発揮して脱線しがちである。首相就任直後の神道政治連盟国会議員懇談会での挨拶で、他の宗教に触れながらも「日本の国、まさに天皇を中心としている神の国」と表現したいわゆる「神の国発言」はその部分だけ切り取られ、「国民主権、政教分離に反するのでは」と一部マスコミ、野党から叩かれた。このため本書では、体系的に五輪をはじめスポーツ立国への思いを存分に語る格好となっている。

森の永田町人脈は、福田赳夫、安倍晋太郎、三塚博、小泉純一郎、福田康夫、安倍晋三らと繋がる自民党「清和会」の歴代首相や派閥領袖との親分子分、兄弟分のつきあいに加え、竹下登、青木幹雄、小渕恵三ら早大雄弁会ゆかりの政治家が軸となる。とりわけ毎日新聞政治部記者出身の安倍晋太郎元外相を兄貴分と慕った。学生時代ラグビーに親しんだ与野党議員とも親しい。海外では柔道家プーチン・ロシア大統領とウマが合い、個人的な信頼関係が、度重なる安倍・プーチン首脳会談に引き継がれている。昨年末訪日したプーチン氏は講道館で出迎えた森と抱き合ったが、こわもて指導者の表情が崩れ、親愛の情が垣間見えた。

「親父と大西（鐵之祐）先生（元早大ラグビー部・日本代表監督）とラグビーが私の人生を形成した」。昨年、大西の生誕百年に当たり、森はこう述懐した。攻撃の起点となる激しいタックル、試合の後は敵味方のないノーサイド、身を挺してボールを確保するセービングといったラグビーの所作が森の言動の背景にある。戦争体験から徹底した反戦主義者だった大西は、著書『闘争の倫理』でも戦争を抑止するスポーツ、とりわけラグビーのフェアプレーの意義を説いた。そして森は当時の日本ラグビー協会会長としてラグビーワールドカップの日本招致を成功させ、二〇一九年「ジャパン」の快進撃で国内外に感動を与えた。

政界引退後、「石川県能美市の生家に戻って静かな余生を送りたい」と言っていたのに、財界、官邸などの要請で、東京オリンピック・パラリンピック競技大会組織委員会会長を引き受けたのも「自分を育てたスポーツへの恩返し」という強い思いからだ。各方面に気配りして調整に当たるから、官僚主義的な物事の処理を嫌う。リオ大会メダリストの凱旋パレードにパラリンピックメダリストの初参加を実現させたのも森のイニシアチブである。政治のベースが「義理と人情」だから、福田赳夫元首相を同じ政治の師と仰いでも、郵政民営化一本槍で抵抗勢力を切り捨てた小泉純一郎元首相の非情な政治手法とは肌が合わなかった。敵を設定して対立の構図を作り、マスコミを乗せるような小泉流の小池百合子東京都知事の「劇場政治」的な手法とはもともと相いれない。

森は田中角栄元首相や当時一世を風靡した最大派閥竹下「経世会」にも屈しなかった。初めて臨んだ衆院選の応援に来てくれた岸信介元首相への恩義から派閥継承者の福田赳夫を一貫して支持、永田町の権力闘争「角福戦争」でも若手の行動隊長だった。派閥で育っただけに、長幼の序や人間関係、礼儀を重んじる。閣僚、党役員人事で派閥均衡、年功序列を物差しにしがちだ。「派閥の論理」は平時なら党内安定に寄与するが、激動の内外情勢の中、改革者が出現しなければ組織は衰退する。このため森も柔軟姿勢に転じ、結局は小泉、安倍と脱派閥の改革志向のリーダーを支え続けた。いわば大きな手の平に包み込む形だ。

雑誌やインターネットで、「偉そうに」「ワンマン」などと批判されても「いったん何かを引き受けた以上、責任を持つ」という森の信念は揺るがない。しかし、今や病魔に冒されながら、東京大会開催を迎えるまで職務を続行する意志は固い。

フランス革命記念日七月十四日「巴里祭《パリ》」に生を受け、今年（二〇一七年）八十歳の傘寿。二度目のガンを患い、余命を計算しながら業務に精励する姿は鬼気迫るものがある。皮肉にも抗ガン剤の副作用や塩分カットの食事が喉を通らず、念願の体重百キロの大台を割った。急迫の事態に備えて「言い残すことがあれば世間に伝えたい」と、本書で真情を吐露した。森には多くの著書があるが、スポーツ、とりわけ現在進行中の東京大会の準備にまつわる様々な問題をざっくばらんに論じた書の刊行は初めてである。本書は、小選挙区下で国事よりポスト獲得や選挙対策に汲々とする若手の国会議員が多い中、数少ない存在感あふれるしたたかな「重量級」政治家の貴重なオーラル・ヒストリーである。懐かしい高度成長末期の保守政治家の匂いが満ちている。

森は二〇一二年夏、日本経済新聞社から「私の履歴書」の執筆依頼を受けたことで、衆院議員を引退するよう天の啓示を感じた、と述懐している。

　実際、同年秋の衆院解散で議員生活に終止符を打った。「覚悟」と副題する本書は、まさに東京大会組織委トップの進退について明鏡止水の心境を表わしたものと言える。新国立競技場のデザイン変更と建設費見直し、五輪エンブレムの盗用疑惑問題など東京大会準備を巡る当初の混乱は、早くから政府、東京都、組織委の連携不足、ガバナンスの欠如を浮き彫りにした。船頭多くして責任の所在が曖昧でメディア、世間の批判を浴び、新国立競技場の建設費問題は内閣支持率に影響すると懸念した安倍官邸が収拾に乗り出した。当時の遠藤利明五輪担当相を軸に関係閣僚で仕切り直したが、その後の内閣改造人事で担当閣僚も替わり、都政の混乱の末、五輪の施設計画や経費見直しなどを掲げた小池新都知事が誕生した。

　小池知事の見直し路線を世論の大半が支持しているが、着地点をにらんで多くの課題をどうさばくか。鍵を握るのはやはりバッハＩＯＣ会長ら国際スポーツ人脈と「人間力」で良好な関係を築き、安倍首相の後見人を任ずる森である。関係機関のトップは縦割りの組織の論理や個人の政治的思惑、パフォーマンスを排して、大会成功に向けがっちりスクラムを組む必要がある。小池知事が表明したボート・カヌーなど三会場の見直し問題は、経費の大幅減にこぎつけたものの、競技団体、組織委の主張通り当初計画案で決着した。森サイドの「三勝ゼロ敗」とのメディア評もあったが、この種の問題で勝者も敗者もいない。誰のための五輪か。計画見直しに「できない理由を探すのではなく、できることを探そう」という小池知事の言にはうなずけるが、「アスリート・ファースト」に名を借りた「自分の面子《メンツ》、手柄ファースト」を捨て、「国家国民、世界平和のため」という基本にすべての関係者は立ち返るべきだ。

昨年末、パール・ハーバーで歴史的な慰霊を果たした安倍首相の「寛容の心がもたらした和解の力」を訴えた感動的なスピーチと不戦の誓いは、日米の絆と世界の公共財としての同盟の価値を改めて世界にアピールした。一方、トランプ新米大統領の「アメリカ・ファースト」の保護主義的政策や英国のEU離脱、難民流入やテロの嵐が吹き荒れる欧州の排他主義などで世界は求心力を失い、不確実性を増している。

こうした中、安倍スピーチと共鳴する自由と民主主義の標榜、世界の平和と繁栄への希求、共生といった東京五輪の意義は大きい。東京五輪は日本が世界の平和と繁栄に貢献する姿を明示する機会である。例えばリオ五輪で初めて難民選手団が出現したが、東京大会ではさらに規模を拡大して魂の救いと癒しを、「人間の安全保障」を訴えるべきだ。それには文化の発信も含め、桜のエンブレムをつけたオールジャパンの体制で臨む必要がある。

経済再生道半ば、中国の海洋進出、北朝鮮の核開発など厳しい安全保障環境下で、少子高齢化が進む日本。その未来を森は、ラグビーW杯、東京五輪を観て感動するであろう青少年に託す。若き日に、楕円球を追ってからおびただしい時が流れた。しかし、ノーサイドのホイッスルが鳴るまで一歩でも前進する「覚悟」を持ち続けてほしい。観客が去った秩父宮ラグビー場で森はつぶやく。荒ぶる吹雪の逆巻く中に、「ワン・フォア・オール、オール・フォア・ワン」。

（敬称略）

二〇一七年三月吉日

――政治ジャーナリスト

1981年10月、福田赳夫元首相に随行した中国・北京での若き日の森氏（右）。

写真提供

P10　文藝春秋写真部

P21、37　公益財団法人 東京オリンピック・パラリンピック競技大会組織委員会

P119、121、137、141、159、161　森喜朗事務所

P167　公益財団法人 日本ラグビーフットボール協会

P269　秋山光人

この作品は二〇一七年四月小社より刊行されたものです。

遺書《いしょ》

東京五輪《とうきょうごりん》への覚悟《かくご》

森《もり》喜朗《よしろう》

令和2年4月10日　初版発行

発行人――石原正康
編集人――高部真人
発行所――株式会社幻冬舎
〒151-0051東京都渋谷区千駄ヶ谷4-9-7
電話　03(5411)6222(営業)
03(5411)6211(編集)
振替00120-8-767643

印刷・製本―中央精版印刷株式会社

装丁者――高橋雅之

検印廃止

幻冬舎文庫

ISBN978-4-344-42977-2　C0195　も-21-1